02

eft

左翼前沿思想译丛02

对民主之恨

[法]雅克·朗西埃 -著 李磊 -译

中央编译出版社
CCTP Central Compilation & Translation Press

La haine de la démocratie

Jacques Rancière

目 录

总序

吴冠军、蓝江

一

奉献在读者面前的，是我们经过漫长筹备的一套丛书：《左翼前沿思想译丛》。在汉语学界，"左翼（派）"这个说法长久以来陷于深度混淆：我们触目可见诸种"老左派""新左派""极左思潮"标签，但归在这些标签下的种种论述真的可以代表"左翼"吗？

什么是"左翼"？在我们看来，"左翼"有两个定义性的特征。一是态度性的，即对当下既有现状（status quo）持一个批判性的态度。这个"态度"（attitude），亦即福柯所说的"启蒙的态度"："可以连接我们与启蒙的绳索不是忠实于某些教条，而是一种态度的永恒的复活——这种态度是一种哲学的气质，它可以被描述为对我们历史时代的一个永恒的批判。"以此态度观之，今天汉语学界的许多"左翼"其实是名不副实的。

与此同时，"左翼"还有一个更实质性的特征：它不仅是一种"态度"，而且是一种"诉求"。这个实质性内核，就是争取更充分的平等。"左翼"的政治思想或话语，无论再如何呈现出五光十色的多元性，其最根本层面上的底色不会更改——追求一个更为平等主义的社会

（egalitarian society）。这就是"左翼"的两个定义性特征：批判性的态度与平等性的诉求。通过策划这套丛书，我们旨在在汉语学界重新厘清"左翼"思想的根本轮廓，并带领读者进入到左翼思想的最前沿地带。

以此为旨归，这套丛书将系统性地向汉语学界引入关于当代左翼思想的最前沿成果。自20世纪90年代开始，欧陆思想界的政治哲学研究出现了新的状况与新的气象：在政治上，90年代初福山提出的"历史终结论"，宣告了全球资本主义秩序的到来；而在哲学上，"后结构主义"将西方欧陆思想的发展推到了它自身发展的一个逻辑极致，标识了"哲学的终结"。而恰恰是在这个双重"终结"的状况下，自90年代后期开始，一批卓越的欧陆思想家开始走到国际学术舞台之一线前台，其中具超凡影响力的就有齐泽克、巴迪欧、奈格里（及其合作者哈特）、阿甘本、拉克劳（及其合作者穆芙）、朗西埃、巴里巴、瓦蒂莫等等。这些思想家在过去近二十年间的著述，已然开辟出了欧陆思想的全新气象，打开了"后结构主义之后"的（诸种）新的开端。

二

如何在欧陆思想史脉络中定位这批新一代欧陆左翼领军人物？

让我们先回到20世纪七八十年代。前面已提到，当时，一股后来被概述为"后结构主义"的思想运动，将欧陆思想的发展推向了它自身发展的一个逻辑极致。为什么这样说？

古希腊的古典形而上学以"理性"（logos）应治多神时代的"神话"（mythos），以"自然"（physis）作为人类共同体的基石。随后基督教神学以"上帝"代替"自然"，作为人的世界最终的根基与根据。欧陆思想史上"哥白尼式革命"的启蒙，则瓦解"上帝"的权威，重新以人的理性作为共同体之维系力量。继之而起的三轮思想浪潮——历史主义、存在主义、阐释学——完成了从启蒙的普遍主义到后启蒙之视角主义（时代精神、个体意志、视域）的转换。随后兴起的结构主义，则借助语言学与精神分析而彻底瓦解"主体"之范畴（"主体"被构建论）。最后，在后结构主义思想家们这里，"历史化"与"结构化"相结合，"解构主义""反本质主义""无基础主义""新实用主义"，皆指向了欧陆思想自身的逻辑终点——不再有任何形而上学的力量或范畴，可以构成人类共同体的终极支撑。对欧陆思想史深有洞见的利奥·施特劳斯在 20 世纪 50 年代便做出如下宣布：除了"回归"——回归古典形而上学或神学（"雅典或耶路撒冷"）——外，别无新的思想突破口。[1]

然而，我们已经能在晚近二十年欧陆政治哲学家的著作中，捕捉到一股新的思想脉动。自 20 世纪 90 年代以降，齐泽克与阿甘本这两位出生于 40 年代的思想家，与比他们略长半辈的奈格里、拉克劳、巴迪欧等人（皆出生于 30 年代）一起，围绕"the Political"（政治）形成了一个充满活力的欧陆思想之前沿地带——一个新兴的"激进左翼"思想阵营。

但我们仍然面对的重要问题是：是什么使得这股"激进左翼"政治哲学在过去十几年内迅猛崛起？这些学者同前代左翼学者（后结构主义者）的根本学理分歧在哪里？他们是否真正打开了全新的思想格局？

三

在我们看来：这一代欧陆思想家的崛起，始于他们不满于后结

1　进一步阐述请参见吴冠军：《现时代的群学：从精神分析到政治哲学》，北京：中国法制出版社，2011 年，第 3—152 页。

构主义者在"政治主体"问题上的立场——即"消解主体"后，拥抱微观政治、"私密的反抗"（intimate revolt）、拟像游戏、小叙事与歧见的繁荣、多元主义的族群认同，等等。在这些当代激进思想家看来，后结构主义的政治方案在今天已经彻底丧失反抗性，因为它们已经被整合到全球资本主义秩序之中：微观政治、"私密的反抗"、拟像游戏、小叙事繁荣、小共同体认同、开放的多元主义宽容等等，都能在被齐泽克称作"后现代数字资本主义"的全球秩序中得到实现。而后结构主义的当代传人，如赛蒙·克里奇利、朱迪丝·巴特勒等人，皆发出如下论调：现状永远会持续下去，我们无法击败整个资本主义系统，我们只能进行日常生活中的"私密的反抗"，进而，努力让各种被排斥、被边缘化的声音被听到……这种左翼姿态，在当代激进左翼学者眼中，正是把左翼事业引向一条绝路：从哈贝马斯到克里斯蒂娃，顶级左翼思想家们明里暗里皆纷纷放弃社会变革的目标（承认资本主义秩序会不断持续下去）、放弃激进解放的理想（玩玩"私密的反抗"、搞搞小范围的游戏）……

是故，把理论进路并不一致的这批当代学者们联合成一个"激进左翼"思想阵营的，正是他们所分享的这样一种立场：对全球资本主义秩序的激进反抗。而在学理上，不论他们的正面主张为何，这批左翼学者旨在处理的一个核心问题，就是政治的主体问题：传统的工人阶级（working class）之后，什么能成为新的变革既有秩序的主体？

今天"激进左翼"阵营中的成名人物，都在政治主体这个问题上深有建树。若对他们进行细致的理论梳理的话，则可分出四个理论路向。有意思的是，前三个路向正好两两出场：第一对，就是因写作《帝国》三部曲而大名鼎鼎的哈特和奈格里；第二对，是在80年代就已成名的拉克劳和穆芙（他们的成名作《领导权和社会主义策略》，是左翼政治哲学的地震式作品）；第三对，就是齐泽克和巴迪欧（他们也有一本合著，即收入本丛书的《当下的哲学》）。而第四个路向，则是以阿甘本的《神圣人》（亦收入本丛书）三部曲为代表。这四个路向，实则构成了当代欧陆左翼思想之基本框架。

进一步沿着思想史的线索向上追索，我们就能看到以上四个路向各自背后的理论资源：第一对背后站着的是马克思和德勒兹，第二对背后是马克思和葛兰西，第三对背后是马克思和拉康，第四个背后则是海德格尔与本雅明。进而我们想指出的是，这批激进左翼思想家给我们打开的思想视野不仅仅是"回到马克思"，他们更是向上追到了古典德国理念主义（齐泽克），追到了斯宾诺莎（奈格里），追到了古希腊的亚里士多德（阿甘本），追到了柏拉图（巴迪欧）。这就使得我们有必要进一步把激进左翼的政治哲学，去放在一个更大的思想史背景下进行考察——对柏拉图到施特劳斯/巴迪欧、亚里士多德到阿伦特/麦金泰尔/阿甘本、霍布斯到施米特/阿甘本、斯宾诺莎到德勒兹/奈格里、康德到海德格尔/罗尔斯/拉克劳、黑格尔到科耶夫/泰勒/齐泽克等等这些充满"歧路"的思想史线索，去做出一个学理上的内在衡析。[1]

四

汉语学界对当代左翼前沿思想的研究，从 21 世纪初大陆和台湾开始陆续翻译他们的著述以来，已取得了一定的成绩：至少在今天，齐泽克、奈格里、阿甘本、巴迪欧等名字对于中国学者来说已经不再是陌生语词。

然而，其中很多著作之翻译质量，实是不如人意。究其缘由，我们认为问题出在汉语学界的研究者与翻译者们对当代左翼思想尚无系统了解与学术认知。因缺乏实质性的学术储备，很多译者是在

---

1 以上分析的具体展开，请参见吴冠军：《第十一论纲：介入日常生活的学术》，北京：商务印书馆，2015 年，第 3—19 页。

为翻译而翻译，乃至在粗劣的"硬译"。这便使得左翼思想在学界面目更加晦暗不清，遑论对之进行学理上的深入梳理与衡析。正是有鉴于这一局面，在三辉图书的鼎力支持下，我们便投身筹划这套大型丛书。

本译丛就其规模而言，目前包含两大板块部分：第一部分，我们选取了当代著名的左翼思想家，包括阿甘本、齐泽克、巴迪欧等人（还有一些他们老师辈的，比如加塔利）的代表性著作。我们希望通过翻译的方式——尽力做到优质的翻译——呈现出当代欧陆左翼的思想地貌。第二部分，我们则选取分析欧陆左翼思想跟中国思想互动的研究，包括借助左翼理论视角来研究中国思想的著作。以展现左翼思想与中国语境的诸种相关性。

认真负责的学术翻译，在今天诚然是"高投入、低产出、低报酬、高风险"的高压且高危行业，于职业于健康皆无"益处"，只有"愚公"才会干。很感谢和我们一起投入这项事业的愚公学友们。我们谨希望通过自己的一份微薄努力，为汉语学界的左翼思想研究与学术讨论带来一些不同的景观。若能至此，纵疲累，心愿已足。

在不大好的民主里搞民主先
——评雅克·朗西埃的《对民主之恨》

陆兴华

一、只能更民主地去要民主

用出身或财产，还是用科学或学问，来做统治合法性的基础？当前，各民族国家也仍未走出这个不选这一个就得选那一个来做统治的理由的局面。表面上，我们是用了科学，也就是知识掌握，也就是用一个人的资质，来衡量他或她有没有统治别人的能力。但这个资质与权力位置一样，也是被统治秩序分配到个人手上的，照了财富和权力等级的预先排列，有优先和岐视。学校的权威，就基于这样去分配社会的权力—等级位置，而其权威的合法性，也来自于此。教育制造寡头政治，让一小撮寡头选出他们的候选人，来供我们挑选。这种民主与和谐的政治，其实正是我们想逃但逃不出的最滴水不漏的寡头统治。

所以，民主在当代的意思恰恰是：去成为一种运动，去冲散越来越被私人化、被隔离的那些公共领域，去强调和肯定来自所有人和无论哪一个人的统治权。在民主中，统治是来自无论哪一个人的。无论哪一个人，都是与所有其他人平等的，都有权利来统治和被统治。这是要将人的平等原则，推广和落实到其他的公共领域，而这种推广和落实，就是民主的过程。

我们看到，无论是财富对我们的资本主义式无限统治，还是苏联式的社会主义式的对人民的保姆式管理，都如马克思所说，是一种寡头统治，是要用人民的名义，去获得主导者自己的寡头统治的合法性。他们总必须先有财富和权力的等级，这样，才能在他们的利益法则、财富法则之上，套上全体人民的平等权利这一面具，假惺惺地挂出为人民谋福利的牌子，然后将剥削和压迫的法则强加到人民头上。人权和民主，无论在哪里，都是统治者玩弄人民的工具，其隐性作用，就是阻挡来自人民的民主诉求。所以，将平等原则贯彻到底，就是要将这些想用财富和权力来统治我们的人拖进民主之中。这时，民主就是用一种民主，去与另一种民主斗争了。"我们"并不是要把"他们"怎么样，"我们"只是要对"他们"民主，把他们的民主推入进一步的民主而已！而反正他们嘴上也是挂着民主的！"他们"对"我们"亦然！

民主是冲破这一无论是资本主义还是社会主义警治之表面装璜的运动和力量。反对家学、家财、出身、年资和学问对我们的统治，朗西埃认为，是民主的起始点。[1] 在当前，在我们的共和国教育里，反对学者和专家的所谓知识和科学的统治，是尤为迫切的任务！因为，在我们的社会中，那些精英总是很自然而然、想当然地要来统治并欺骗其余的人。具有知识资质的社会力量，总是很快与出身和财富之社会力量勾结在一起，如大家族之间传统上一直在做的那样。他们想用风度和魅力来将他们的统治打扮成对我们具有审美吸引力的秩序，而使我们忘却自己的民主使命：用民主去扰乱他们的统治秩序，去打乱原有的政治边界，使那些没有身份的、不知从何处冒出来的政治主体也能平等地走进公共领域中来。

哲学家哈特和奈格里指出，由于信息和数码化，资本主义生产越来越非物质化，在交往的宇宙中，越来越沉淀出那些游牧的生产者。他们会形成一种集体智力，构成思想、情感、身体运动的集体力量，去冲破帝国的边界。但在目前这个统治秩序里，这个看来还是不够的：有了会思想的认知工人，还是不够的；他们仍只是知识和财富的工人，很快会与统治秩序，也就是那警治秩序，勾结在一起。而我们等待的，应该是这样的新的政治主体：他们想要与人分享智力，用勇气也就是用快乐，来坚持斗争。只有他们才能将我们带向未来。朗西埃也取了一种让未到来者来激活我

1　Jacques Rancière, *La haine de la démocratie*, La fabrique, 2005, p. 86.

们当前的民主的立场，来补充德里达说的只有正在到来的他者才能来决定我们的未来民主这一说法。

朗西埃认为，"他者"的说法，对于那些不知从何处冒出来的"无论是谁"，是不平等的。民主是要让不是天生就有能力来统治别人的人，也能去统治那些并不是天生就要被人统治的人。[1] 这听上去是一桩不可能完成的任务。没有人是天生更有资格去统治别人的，同时，平等也不是一种虚构，统治者也须被统治。资产阶级，尤其是社会民主党的统治，一直都在用这一关于平等的虚构来欺骗人民：他们嘴上都在说，他们是与人民平等的，以此来获得统治的合法性。没有哪一种服务、哪一种知识、哪一种权威，没有哪一个命令者和教育者会说，我们搞的不是平等者对平等者的传授。我们至少都表面上在假装平等。不平等的社会里，总也已存在着无数像理发师与被理发者之间的那种平等，我们的政治任务是将这种平等关系扩展到了更大的公共领域。[2]

政治，就是那一我们在用父权、年龄、财富、力量和科学学问来统治之外，仍要加进去的东西。除了社会中的那一天然的、看似天经地义的统治之外，我们还要另外加进去的东西，后者就是政治。而这种迎头而上，这种反对既定秩序的勇往直前，这种打

1　*La haine de la démocratie*, p. 54-55.

2　Ibid., p. 55.

破一切边界的姿态，才是民主。[1]

　　新政治开始于一种重大怨屈或错误。目前的统治秩序，总无法给新到来者以平等的待遇。而给予其余的人民的那种空洞的自由，也最终会架空城邦政治里的代数秩序或几何秩序。而政治共同体的基础，也不是公共有用性，不是利益的对立和组合。新到来者这个"无论是谁"所遭遇的怨屈和错误，将一种不可公度性、不对称性，引入了所有会说话的身体的位置和权利的分配的核心。这一不可公度性不光打破了收成和缺失的平衡，也预先就毁坏了根据宇宙（kosmos）的比例、基于共同体的根源来组合的那种城邦计划。[2] 民主就体现于两种秩序的不可公度、不对称之间。在一种感性分配下，社会身体之不平等分布的秩序，和会说话的存在者的平等能力这一秩序之间失衡之后，民主才涌现。这种失衡，会重新将新的平等，铭写到人民的身体的新自由之中，会形成一种新的可见性领域。这时，政治就不是关于权力，而是关于各个（个人认同或所属的）世界之间的关系了。[3] 民主怎么搞，这是要通过一种政治形式与其所处时代的共同感性之间的冲突来定夺了。[4]

　　未来民主将不是一个最终目标，而是在我们今后的每一步上不断实现出来的：我们的每一步民主追求，都是在打破我们时代

1　*La haine de la démocratie*, p. 52.
2　Rancière, *La mésentente*, Galilée, 1995, p. 40.
3　Ibid., p. 67.
4　Ibid., p. 138.

关于做、是、说的所有伦理和谐，打破我们共同体内的感性情态，是要将一种我们最新认识到的平等秩序，强加到我们这个治体秩序上去。所谓政治，就是天天去打破这个治体秩序。天天民主所以天天都是新的。它有待我们在斗争的白热化中，去不断重新定义。

在生活于一种政治秩序中之前，我们已先生活在一种言论舆论的秩序之中了。德里达说，民主总是正在到来的，但在争取到它或它自己到来之前，我们总是先陷在那一种政治斗争的白热化里。这种斗争越白热化，民主状态出现的机率越高；而且它总是在任何一个政治事件和场域斗争里都有可能出现，不论我们在哪里，只要我们着力、当真、坚持，它就会出现。将任何一种斗争引到街上，进行到底，它就会显现。我们必须步步为营。

柏拉图《法篇》第 3 章里列举了治理国家所需的素质。他列出六种权力的素质或禀赋：父母对小孩、老对小、主人对奴隶、出身高位者对出身低微者、强对弱、有学问者对无知者。但柏拉图又列出第七种权力素质，认为它是"来自机运的治理"，那是一种不来自任何素质、地位保证，而是由抓阄来决定的统治。这种统治就是民主。它不需要任何素质。这种叫作"民主"的统治，不基于任何说得出的素质，不需要先申报了身份，被验证了资格，才能来统治。它是很多不正常的、说不清的素质的混合。这是一种"非"素质，不是没有素质，而是一种不在名目表中、不是你平常以为的素质。一个公民冲上来了，要权利，要参与辖治，但他或她没有任何素质，除了他或她的这种叫作"没素质"的素质。这时，这个公民就是要来搞民主了！

这本身是一种无法用来统治或被统治（你甚至都没有接受统治的素质）的素质。但是，没素质，也是一种素质！正是这一非素质，才给了那些没有统治或被统治的素质的暴众（demos）以集体权力。这个暴众不是下层群众，也不是诸众，更不是一般的人口。它是所有没有素质来统治或被统治，甚至被知识分子们认为没有素质来搞民主或被民主的人的集合。

朗西埃认为，柏拉图之所以要把这第七种能力—素质看作政治的要素，不是因为古希腊这样的城邦政治里已经是这样做的，而是因为他看到了：没有这种"非"素质，没有这种"名不正、言不顺"者冲进来，政治就不成其为政治。[1] 柏拉图这等于是间接告诉了我们什么才是民主式治理。他其实知道民主是怎么一回事的。

在冲突与非法之外，绝无政治。[2] 我们不应该沉湎于对于抗议和反抗姿势和姿态的恋物上。罢工和斗争的群体，就已是共产主义群体了。[3] 很有意思的是，朗西埃在这一步上就认定，终究说来，民主其实与共产主义没什么两样。[4]

1 *La haine de la démocratie*, p. 48.
2 Rancière, *Et tant pis pour les gens fatigues*, Amsterdam, 2009, p. 668.
3 Ibid., p. 665.
4 2009 年伦敦共产主义大会上，朗西埃首次提出了这一看法。

二、警治与政治

朗西埃将政治看作对共识的打破，而将始终在维持共识的那种力量或秩序，看作法治或警治。政治因此与警治对立。警治是一种感性共存、秩序共享，其主要原则是：不让其中有空白、增补。警治的本质不仅是压迫，更是普遍地控制活人，框定人的行动边界，执行那一维持之暴力。而政治的本质，则是要扰乱事先的安排，通过增补那本来被算在里面的部分，硬塞进本来不被算在里面的那些部分，从而挤破或打破现有局面。当前政治只有进入被激活和搞乱的状态，才可称作"民主"。

警治是要使政治消失，但冲突和争端则能使政治突现。"政治本身是从警治中分离出来的。政治首先是对可见和可说的干涉。"[1] 政治本质上要使异议显现。它本身也由待异议的出现，才能活跃。异议则可被看作两个不同的世界被生生挤到同一个世界之中后发生的排斥和冲突。

政治的本质，也反映在对异议的压服方式上。社会正是通过政治，来向自己展示差异。而共识是要取消这种异议，不肯将这种异议当作共同体内部的感性分配，不肯接受那些增补出来的主体，而只将原来存在的人民看作社会机体的固定部分，将政

---

1 *Et tant pis pour les gens fatigues*, p. 240-41.

治共同体仅仅看作原来的各个不同部分的人民因利益和期望而形成的集合。共识总是要将政治还原为警治（Le consensusest la reduction de la politique à la police）。[1] 共识的达成，就是政治的终结，是常规和常态的回归，存在的就此也被认为是合理的了。共识有待打破。

知识分子通过自己的思想、学术话语所掀动的媒体政治来启蒙和引导，总是以求得社会共识为目标。所以，他们的存在本身，他们的行动目标，也是对于真政治的压制。在我们时代，知识分子总想要用社会学和政治哲学这样的"共和国科学"，去指导、替代那种真政治，在没有搞清楚社会学、哲学本身与政治的关系之前。比如，在社会学描述出来的政治场景里，我们会发觉，政治仿佛已没有了存在的必要。[2] 在那里，政治要么是像黑格尔、福山所说般地终结了，要么是不再适应实际的经济和社会关系的流动性和人为性了，如欧洲的神秘哲学、海德格尔和情境主义者所认为的那样。全球化过程中，资本主义更占了上风，抢过了政治的地盘，全球市场系统，钳制了各民族国家的政治运作。政治和民主，需要来自"社会科学"的指导，才能去搞了。

政治哪怕本身仍存在，也会被政治哲学藐视。政治哲学一直在说，政治又回来了，一切都政治了；而社会学又在说，政治如在

1　*Et tant pis pour les gens fatigues*, p. 252.

2　Ibid., p. 253.

后现代社会中发生的那样，已终结了。这种回归与终结的谈论，今天看来，也都是症状，正表明政治在我们时代的不到位。而哪怕是这种不到位，目前也只是社会学和政治哲学自己的判断。朗西埃反对"政治哲学"这一提法，认为没必要单独列出一种关于政治的哲学。一种政治哲学如果是成功地指导了政治实践，那它就一定是抹杀了作为政治之基本构成要素的争端；而如果这种指导不成功，则它又与真政治无关了。哲学越是去描述政治世界，就越会抹杀政治。柏拉图的《高尔吉亚》《理想国》《政治篇》和《法篇》这样的文本，只是想取消和抹去来自民主的悖谬的丑闻，要将民主当作一个纯空间，使最有力量的人来统治这一原则，得以落实，而这些文本，说到底终究是对哲学家自己的统治特权的辩护：让最有知识者、最聪明者来统治。它要共同体在一种共享原则下被统治，要将共同体机体中的留给 demos（暴众）的那一部分空白，也驱除掉。[1] 政治哲学是民主的敌人。政治哲学的全部，仿佛就在于解释民主的"无政府"状态，然后抑制它。柏拉图要将一种起源政治当作城邦内各职业、各情性（ethos）及其法（nomos，作为法则，也作为情性得以展现的特殊的调性）之间的联合法则。这种强调人民情性和幸福地过日子的政治哲学，后来就成为一种关于共同体的情调学，使得政治和法治最终合一。到最后，政治就得让

---

1 *Et tant pis pour les gens fatigues*, pp. 247-48.

位于安安心心过日子这一人人的最大关心了。总之，社会学、哲学的社会学式的政治眼光，或政治哲学，都会使我们忘记了政治，忘了哲学和社会学本身与政治之间的冲突。

政治终结了。自由民主的社会里，政治成了由大多数人的决断下的群众和无政府式的自我管治（autorégulation anarchique du multiple par la décision majoritaire）。政治是那些总是生活于欲望的颠簸和激情的撕扯中的自我区分、自异的个人的集合之无穷的扰乱。[1] 而这个时代的欧洲民主政治，其实已是亚里士多德关于政治必须由中产阶级来执行的乌托邦的最终实现：他原来在政治中想要排除的东西，今天悉数到场。它也是一个异托邦：大多数人太穷，没有政治的手段，少部分人富有，有政治的手段，但不想搞政治，只想搞简单易行的寡头统治。这样的状态里，总进行着一种虚拟的战争，两者追求着不同的目标：穷人去争自由 (liberty, eleutheria)，富人要美德 (arête)。穷人和富人在这样的交错里去寻求共同事物，一个要获取，而另一个要幸福，这个要物质利益，那个要想象之投资。[2] 社会抗争被还原为政治，政治又被还原为社会抗争。双方争夺着政治场域的中间地带，具体表现在那些中左或中右的摇摆的政治诉求上。城邦的政治中心，最终被中产阶级、中间阶级占据，被那一不穷也不富、优悠于社会空间与政治空间

1　*La haine de la démocratie*, p. 35.

2　Ibid., p. 37.

的阶级所占据。[1] 用亚里士多德政治哲学所能看到的全部的民主前途，就是现代社会的民族国家内的中产阶级政权，以及欧美民主和亚洲四小龙式的民主政权模式。这是政治的现代性在当代的真正实现。留给未来的中国的，据说，也只有亚洲—儒家价值的政治民主了。

在这样的中产阶级主导的各色政权下，专制独裁与自由民主落实在个人头上，竟然没有很大的区别了：被封闭在小弄弄、私利之中的个人的细碎思想和行动，那种无法诉诸集体力量的个人全然的无心和无力，哲学家阿伦特说，将成为专制的温床。公民的小气的思想，气得跺脚，义愤但又无力的反抗，反而会被主导者利用，成为搞温水煮青蛙式的社会控制的借口。政治哲学家们总是这样善意地、清醒地来提示我们。而另外的学者、专家，最多只是用一些哲学和社会学的乌托邦，来给我们画饼充饥；在获得政治平等前，我们先掉进了社会的陷阱：先必须将我们从这样的大众传媒—消费社会里解放出来。具备了合格的素质并掌握了正确的理论，个人和集体才能开始搞民主，而我们目前面对的民主也只是自由市场和权利国家的交织，不适合当我们的民主场地，等等。他们仿佛要等政治平静下来，才开始像搞足球联赛那样来搞民主，在法治先落实的情况下，再来搞民主。

---

1 *La haine de la démocratie*, p. 38.

　　而在政治先已活跃的状态下，民主本应是对原有的政治主体的压制和克服方式；新政治主体要冒出，就必须在噪音和暴力中全身挺出。政治是一种人类行动的异议形式，是关于人类群体的聚集方式的律令，它本身就是例外状态，是犯规。它总会在我们毫无准备的情况下到来，总是不按规矩出牌地挤进来，要将我们写在宣言里、早被我们预设的平等，实现到我们的行动中，并将它当令箭牌，来推翻一切。我们的政治（la politque，目前还不存在的那一种），是用来与那个总自以为是地实行着的警治（la police）来对抗的。这种关于治理之烹饪的政治（la cuisine gouvernementale），是指导共同体生活的一种方式；在政治高度活跃的状态下，民主成为群众的一种生活方式。[1]而政治是对感性分享的一种充满异议的重新再现（代表），在其中，主导者总是将他们的感性强加进来，来获得合法性。如果被主导者不顶进去，更强力地去挤占，那他们一定先已吃亏。民主此时就是那些没有名分来施行权利的人，也硬要来认领和执行自己的权利的人悖谬的权利了。吃亏在先了，他们的抗争和占领，就不需要提供另外的理由，供审批。他们的不顾一切冲进来，像吵架般的发言，也正是激活和维持民主的最主要手段。

1　*La haine de la démocratie*, p. 17.

三、后民主时代的共识秩序：财产统治和专家知识统治的共同强加

我们总已陷身某个共识时代。我想要从你身上得到快感，是与你想从我身上得到快感一样急切的。我对你做的，正好是你渴望我对你做的，这才是服务，这才是我们的学校里在教导、父母最支持的事情。我们之间的社会契约早已变成一种色情关系，且是最自由放纵的那一版本：你爽么？爽的；她说：你就这样继续搞吧，我愿意，我想要，我这样最爽。我要的，也是你想要的东西，我只做你想要的。我们是一架架欲望机器，互相配套，互相取悦。"我们打扮得像是正在出演未来主义式科幻色情片。我们需要一些专门在床上讲的故事，我们的爱的流水作业里，需要一点辣酱的刺激，我们需要一点点快乐的理由，去挤尽每一滴快感的汁液。"[1] 爽，但残酷。这是萨德式的残酷：必须造成欲望之间的不平等，这才有落差，才有快速的上窜或回落，才有晕眩，才有快感。这也是一种不管三七二十一的搞定：总假定你会要我给你的，我给你了，还怕你不要么？你不是要我肏你么？那我就用机器，用半自动或全自动武器，用宝马和法拉利，来动手。机器的力量和人类的欲望之间被订出细密的契约，像苹果手机提供的各种应用软件。总

---

1 Rancière, *Chroniques des temps consensuels*, Le Seuil, 2005, p. 39.

有更多的做爱机会和办法，因为有了机器，尤其是汽车的帮助。汽车成为我们的欲望的飞镖，是我们的欲望始终烘托着的那一玩意儿：它为我们挤皱、压扁、毁灭和燃烧。它是我们的欲望的放大器。我们被拖着往前了。

后民主时代的共识秩序，是财产和专家知识来统治一切的状态。在这样的秩序下，在现代大众社会中，来自个人的无限制的欲望，转而对人人的统治，被我们习惯地称为民主。哲学家哈贝马斯企图证明，这种统治，在理性的引导下，尤其在交往理性的日常运用中，会进入普通民众的自然语言使用中，会将政治交往放进更可靠的规范框架，因此会具有更多的合法性。而悲观者却看到，这将是一种诸众对于我们人人的无名统治（l'innommable gouvernement de la multitude），而且纵观世界，目前也只剩下这种统治了。[1] 在共和政体下和社群政治下，在政治的深层结构里，那一财产秩序，和大众传媒体统治下的专家知识的统治，共同汇成我们时代的新的统治秩序。因为拿不出更好的自我统治手段，我们就落进这样一种共识财产法治秩序中。民主了，但不政治，结果，民主和政治都在消费社会中无限地因循、败坏下去。

什么是大家似乎都要的共识之下和平相处的民主社会？那就是每个人各安其位，顺从于自己必须接受的剥削和玩弄，被社会

---

1 *La haine de la démocratie*, p. 7.

科学、专家和哲学忽悠，落进越来越人性化的技术管理之中，由一个稳固的权力装置来统治的共识社会。这一切又被涂上一层由大众传媒天天研磨出来的似像（simulation）：每一个人都在他们自己的位置上，都在做他或她份内该做的事儿，享受着他们的价值观和权利下该得到的那一份幸福。这就是柏拉图笔下的那个幸福图景（sophrosunè）的实现。大众舆论号召我们去做的只是：使每一个名字都在它应该在的位置上，让专家和主持人来帮大家安排好前前后后的每一个步骤。政治成为关于目前最清醒、最流行的观点的科学，具体的政策和策略，大家只要打钩选择就行。

先有真（the real），然后有它的似像，渐渐地，后者全面覆盖了前者。大家都想用法治和谐社会的图景，来掩盖现实。这就像好莱坞电影《楚门的世界》里，连阳光和海滩也都只是布景。在马克思生活的时代，解放只是向无产阶级指出其劳动和历史的伟大意义。在今天，一种新的政治上的解放，必须建立在技术对形而上学的摧毁上。它必须将整个共同体解放出来，并让后者认识到，它自己是由各种本地理性、民俗、性别、宗教、文化或审美少数派融合而成的多重体。"而政治是要在所有身份的偶然性这一基础上重申其身份。"[1] 我是公民，但我当前还是公民么？我要使自己成为公民，应该开始怎样的政治？政治只实现于这一重申之中。这

---

[1] *La mésentente*, p. 145.

种身份平等的逻辑或原则是抵抗和打破那一治体秩序的最有力武器，是养成新政治的最重要手段。

当代中国人已一脚走进了全球共识政治，面对的是一层层堂皇的"国际惯例"和"人性化管理"。"我们生活于一种新的共识系统中，这是右派的胜利，是现实主义又一次战胜了乌托邦。"[1] 我们的治体，也是那一共识财产权力系统了，其中，政治也介于一种舆论政权和权利政治之间，被妥妥地搞定了。人人盼望的只是富足的法治社会，为了得到它，肯付出任何代价。

而民主并不是议会政权或权利国家里必然可期待到的事。它也并不就是对社会的个人主义式统治，或者来自群众的统治。民主是对政治的制服形式，是对身体、地点、权力和功能的重新动员。更精确地说，民主是对共同体内的身体组织之秩序的独特的打乱，就像麻将桌上用骰子去开盘一样。这种对身体的组织，具体地反映在共同体内已落实的警治之中。比方说，教育在安排我们人人的社会位置，娱乐在安排我们的精神和情感位置，大众传媒里的立场游戏则不断在安排我们人人的政治话语位置。民主是要不顾现有治体秩序，去重新打乱它，再重新汇聚。

攻击现代民主，所以实际上也是在攻击激进政治。这种民主的政治，我们总是稍稍搞一下，就后怕了。"这是一种现代无信：

---

1 *La mésentente*, p. 170.

杀了国王的头，我们也只是为了在超市里更爽地将商品扔进推
车。"[1]民主状态下的人的欲望，会把一切都吞下，也会把政治吞下
吗？民主会把我们带向奥斯维辛集中营吗？民主下去，一切都会
乱套？对民主的政治反思，渐渐被我们对它的伦理反思所取代。

在古希腊，人们就为了反对神父或医生们的统治而投向哲学
和政治，将对自己的统治这件大事寄托到民主这样一种流沙和火
山般的基础之上。但在现代，我们渐渐发觉，民主政治所保护的一
般公民，实际是一些为自己的快乐而不惜付出一切代价的自利小
人。于是，我们，尤其是媒体大学知识分子，就因为要谴责这些小
人行为，而扩大至攻击民主政治本身。[2]是不是因为我们本来是可
以搞出一种更好的民主，所以才对当前的这一种如此反感的？朗
西埃的回答是：搞不出另一种的了；要搞，也就只能搞眼前这一种
了。民主只能是这样：它不凭出身，不凭教育，不凭财富，也不凭
知识，来搞和搞好。它不光来自自利小民对我们大家的统治，而且
来自无论任何一个小民对我们其余的人的统治；在民主里，统治不
借任何名义。人民的意志或选民的选票统计后形成的意志，就是
对那个偶然的上帝的选择，或掷骰子的结果了。民主是由平等者
构成的人民，自己来决定如何在他们自己中间分配位置。[3]朗西埃

1　*La mésentente*, p. 40.

2　Ibid., p. 42.

3　*La mésentente*, p. 47.

的这一立场，堵住了我们不断从现有民主之外去寻求另外的民主的路。民主只能在现有的不大好的民主里继续往下搞。

无论在古希腊，还是在今天，民主这种位置和角色的分配方式都是随机和无序的。小的与老的平起平坐，学生在教师面前老三老四，女人也与男人抱同样气量，外国人也有了一样的发言权；民主状态下的人，与一切传统都闹翻了。反对民主最激烈的人，先是教士，后是哲学家，如柏拉图，然后就是社会中的主导阶级，如小资产阶级，或者财富或权力的寡头。"民主使统治权缺席。"[1]贵族、财阀、继承者在民主下没任何特权，其特显的权力，一开始就被摧毁。民主，是治理原则和社会等级被结构性挪位之后才形成的。民主下，"政治"就是多出传统政治的那一部分，就是在由父权、年龄、财富、强力和科学来统治之外，额外还要加上一种压倒一切的统治权。柏拉图这样的哲学家，总想来克服这一民主的无序，为一种所谓的真正的政治奠基。这恰恰破坏了真政治，而政治恰恰应该建基于这一无序之上。民主了，政治才健康。

民主下，人民不是该去统治，但也不是就应该被统治。"民主是一种不是天生就要来统治或被统治的人所行使的权力。"[2]这一行使的当儿，出现了例外状态。为了有真正的政治，我们总需先滑进这样一种例外状态，它叫"民主"。政治就是要将统治的基础

1　Ibid., p. 51.

2　Ibid., p. 54.

建立在一种叫作"民主"的无基础之上，仿佛那一刻，一切权力基础都被架空了。一个国家的政府，只有先这样去搞出激烈的政治，它本身才合法。只有将自己建立在这种统治的无基础之上，政治才政治。可以说，所有的政府因此都是先天就不合法的，因为它们都是基于人民的无法被统治这一基础上，但实际又没有奠基就去统治了人民。[1] 每一个政府都须在之后的行为里搞出政治，来给自己做合法性辩护。在欧美的市场大众媒体托起的自由主义社会里，所有人都成了发言者，讨论、争论和表决，然后达成契约，这中间会改变规则，使正常的规则和特例的公约渐渐定型。但这也只是一个共识的乌托邦，里面没有战斗，只有解决，只有业绩，只有交易。所有人都只是为了自己的利益而与其他人谈判，来修改规则。[2] 在这样的社会里，每一个人都是承包商，都在为自己的利益而拼命地为别人服务。惩罚，只是你不好玩，不能通过你的命运和奋斗去向别人讲出一个好故事，不能改变别人甚至整个社会的趣味，使这种趣味有利于自己被较高地评价。在这种假共识状态下，似乎没有了压迫，没有了斗争，没有了战争、终结或失败。改变社会，首先是改变我们人与人之间的契约，如果不成功，就用一种自由主义式的看透，来慰藉我们自己：去继续讲出更好玩的关于我的自我的故事吧。

1　*La mésentente*, p. 57.

2　Rancière, *Aux bords du politiques*, La Fabriques, 1998, pp. 180-81.

这种新自由主义式乌托邦对我们的害处，不在于它有多缥缈，而在于它与别的乌托邦没什么两样！它悖谬地是一个基于共识的乌托邦：每一个人都有户口，都有权利，都有机会，不再有新的政治主体冲入，无产阶级也在理论上被给予充分的政治参与权，人人有了同样的投票权后，终于也有了一样的追求幸福的权利。

因此，今天的欧美民主，也仍是不充分的。

自 1968 年之后，我们的批判和谴责的目标已经改变：消费，将永远是我们的同一个批判目标了。消费对我们的统治，就是马克思说的商品对我们的统治。它从此将是我们永远的敌人了。无限制的发展是资本主义的基本原则，而我们对于资本主义经济制度的怨恨，正在使这因果逻辑颠倒。我们批判的是那一全球主导系统，而只有透过这一系统，我们才能解释个人行为。消费着的无产阶级，让剥削者先用了梦想，来滋养他们，以便被进一步剥削。他们正在成为景观消费资本主义的自愿的双重受害者。

在当代，用马克思主义去谴责这一资本主义全球剥削机器时，我们面对了这样一种逆转：全球主导系统的受害者，反过来也成了造成消费的"民主专制"对我们的统治的始作俑者。因为，后者没有钱去过对生态友好的生活，结果倒先去成了生态破坏者。而民主则使他们的消费和破坏更无节制，至少表面上看是如此。资本的增长原则、商品的生产和流通类型，看起来，成了来自那些消费者，也就是受压迫、剥削者所造成的恶，尤其成了那些不大有消费能力的人的恶：越穷的人，越被我们的大众媒体发现是污染和破坏着环境和生态的人。而富人在专家的帮助下，总能在道德和伦理上与之脱尽干系。

都在说，消费民主人无魇足地吞噬着商品、人权和电视景观，资本主义的利润法则就是靠着这些人的胃口来一步到位地统治世界的。谴责一种经济和国家系统，那是在要求我们去改造它。但谁可以来这样要求呢？不就是那些责备我们没有给消费者或民主人填饱胃口的知识分子或专家？所以，我们得回到逻辑的开端：资本主义系统之恶，在今天正在成为这一系统统治下的个人的恶；而最有罪者，是那些为了进一步作恶而不被追究就散布一些所谓改革之幻觉去喂给消费民主人的人。而那些贪得无厌的民主—消费者，也正是那些从马克思以来被我们一直期望着会成为反对金融寡头和国家寡头的潜在起义者。从中可以看到，我们的事业已多令人绝望。形势如不发生逆转。情形会比我们想象的还更糟。

今天，无论在巴黎、纽约还是上海，我们见到得最多的是民主—消费者的机器人般的形象：填鸭般地将爆米花往嘴里塞，盯着电视里的人造现实，做着安全的爱（safe sex），领着国家的社会救济，坚持着个人自己的差异权利，紧抱反资本主义或另搞全球化这一幻觉。[1] 资本主义制度的谴责者首先要面对的，就是这些人，得先喂饱他们的胃口，所谓的改革，才可着手。鼓吹改革幻觉

1　*Aux bords du politiques*, p. 93.

的社会管理者，实际上才是元凶，正如这些民主—消费者是自己的消费暴力的受害者一样。但前者的罪更重，是因为他们利用了一种无法治疗的恶来进一步作恶。这是利用别人身上的恶来作恶，利用民主之恶来作恶。这才是一种民主下的反人类罪行。民主之恶，这是显然存在的，但因为民主之恶而阻止民主，这恶，比民主之恶就大多了。

全球化的荡漾里，工业现代主义正向金融资本主义倒退，生产被消费引导。在这个全球金融资本主义世界里，我们更找不到革命代理人、先锋，也就是无产阶级的真身了。这一全球主导系统，也正在使那些新预言家、公共知识分子以及他们所要去拯救和解放的民主—消费者，自己都先去成了最主要的作恶者！作大恶者为了他们的统治，正在怂恿那些受害者去作一些小恶。而我们的社会科学正在促成这样一种由最流行的智性所主导的共识：世界的经济运动在向我们证明这样一种历史必然性，我们最好还是适时而行，主动去迎合世界经济潮流，为此可搭上世界的未来。资本在全球到处凯旋，好不容易到了我们这块洼地，千万要珍惜这个机会。知识分子与主导者一起戴上民粹主义面具，用民主和权利之名，来行剥削、压迫和专制之实。

我们已经在被一个资本、得意洋洋的大众民主或软集权主义式的不可见的世界政府统治着。我们已初见这样一道曙光：一个异托邦，里面是资本的自我调控统治着整个的星球。我们一方面感到自己岌岌可危，另一方面又因为自己的这种危险处境而容忍了各种寡头对我们的得寸进尺。

在当代，在西方，我们的确见到了一些看上去很"民主"的政府，这是因为我们自己已搞不清国家的形式和政治行动的形式之间的区分了，于是就将这样的国家也称作是民主的。这些国家并不是像表面看上去的由大众传统播和大众消费的平等主义来统治。它们其实是整合了资本家、国家、军事强权和媒体权力的东西。一种严肃的民主运动，首先应该去充分了解是什么划开了政治行动的形式和国家控制的形式。[1] 朗西埃似在强调，个人的政治行动在与国家的控制形式之间达到激烈的对抗时，民主的质量才能提高。在所谓的民主国家里，这种激烈的民主，其实仍是缺席的。

在这个国家寡头和金融寡头统治的世界里，知识分子应做什么，才能去推动他们所说的民主？他们引经据典和穿针引线来讨好那些对人民颐指气使的统治者，用自己的经学式细勘来为统治精英抹油添彩。[2] 知识分子忙着要去搞经学、古典学之类，用句子背后的微言大义来吓唬百姓，使他们进一步感到自己的无知和无力，进而威逼他们顺从主人统治。权力的根源，在现代社会里，不再来自神圣，不再来自法典，也不大来自传统，不大来自个人魅力，而很大程度上来自这种经学、国学、政治哲学、文化研究式的

1　见 2013 年 5 月 19 日同济大学演讲，"民主就在今天搞"，原文载 2013 年 5 月 20 日《东方早报》。

2　*La haine de la démocratie*, p. 73.

知识装置。这种考据不是为了要让我们找到意义而感到安心，而是故意要将它弄得很难找到，听上去有点不可能，需要找更多共和国专家来讨论和解决，这样我们才会无条件心服口服，事先就默认知识权力对我们的专制。因为，权力的来源必须这样被知识遮掩，才显得神秘，才构成维持的暴力，统治也才更有效。尤其是关于政治和民主的学问，那是永远要被弄得看上去很难，虽然统治者自己也懒得去细做，但一定要骗别人说，他们在拼命研究，否则，那不是连蝇头小民也来说他们已经懂了，也要来管国家大事！将民主当作经学和古典学问式的政治哲学或政治科学的对象来研究，是招术，是要将权力的源头尽量藏好，不让人发现，只让学术和统治精英家们知道其底里。这些以为是用学问、哲学和思想研究政治的人，其实仍只是在用财富、出身和学问来统治，也只不过是在为统治集团卖力，来帮助他们统治大众。他们自己最后其实也只是国家寡头和金融寡头的炮灰而已。

而哪怕政治哲学视野里的那一保证了宪政和法治的国家，也仍是寡头的。国家寡头和金融经济寡头在今天仍左右着我们的公共事务。"使当代西方民主国家遭难的那一恶，首先是众寡头们的那一难以之恶。"[1] 我们以为是在搞民主，却仍生活在寡头权力统治的国家内。这种寡头权力其实亟待我们的人民主权和个人自由去钳制，但这种主权和自由很快就会败坏。我们的公共事务哪怕起先不

1　*La haine de la démocratie*, p. 81.

腐败，也将由于将公共市场的事务与个人利益放在一起这种寡头式主导而仍然腐败。个人自由可能是被尊重了，但也只限于保护边界和地盘的安宁上。电视和报纸的确是自由的，但你先得有金融力量来办它们。所以，不由分说，它们早已被悉数收入寡头囊中。

国家精英用专家式科学，来浇灭大众的政治激情。[1] 政治于是只与个人的私人好恶和利己主义有关了。个人好像无关于公共政治的利益了。他们纯粹凭消费者的个人利益牵挂和行为的朝三暮四来出手。选举成了从各种备选的寡头里选择出一个来的事，选左派还是右派来当权，是凭一时意念，反正只是选一个寡头来当权。而且，财富寡头和科学寡头已联合起来。说是民粹主义，深底下，实际埋着相互冲突的两种态度：人民来使统治合法化，还是学者和专家来使它合法化？事实总是，伶牙俐齿的知识分子先将合法性抓到了手里。他们想要抛开人民来统治，不要政治地来统治，政治于是被破产清算了。"财富的无限增长，伴随着权力寡头的无限增长。"[2] 华尔街金融风暴后，国家寡头与金融寡头的勾结，便更赤条条暴露在我们面前了。

在这样的没有人民和没有政治到场的气氛里，我们的热情变成了怨恨。[3] 我们看透了：主导者和统治者总想用梦想来喂饱我们，

1　*La haine de la démocratie*, p. 83.

2　Ibid, p. 90.

3　Ibid, p. 96.

以便更好地来剥削和压迫我们；明明是商品对我们的残酷统治，
他们却一定要说成是我们自己在豪情地消费商品。那些我们本指
望着去搞民主的人或原来的民主人，现在却忙于吞咽商品、人权
和电视里的直播现实。资本主义的利润法则统治着每一个角落。
是的，一边是个人的无法被满足的民主—消费者，一边是金融和
国家寡头，这就是我们说的"国家"。我们指望谁来开始新政治
呢？哪怕 1968 年革命，也只是为资本主义开锣鸣道。如阿多诺说，
这是打破家庭和权威的结构，好让资本主义更长驱直入。造反的
年轻人争取到了他们所想要的东西的反面。（拉康：你们上街，这
是想要有新的主人来统治你们，他会来的！）他们的反抗加重了
他们的被奴役。[1] 因为政治被遗忘了，所以，民主才成了"资本主
义市场经济人权共设统治"的代名词。"民主成为对人类不断犯下
的反人类罪。"[2]

四、什么才是真民主？

往简单里说，朗西埃是想用否定式来肯定民主的核心内容：
民主就是不让财富、出身和科学（知识）来统治我们。它是来自无
论哪一个人的治理。民主既不让任何寡头以人民的名义来统治我

---

1 *La haine de la démocratie*, p. 97.

2 Ibid, p. 100.

们，也不是一种调节商品力量的社会形式。民主不是一种我们想要搞的东西，而是我们"活该"的。

在2009年的伦敦共产主义大会上，朗西埃更将"民主"的意思扩大了："民主"与革命者所说的"社会主义"或"共产主义"的意思是相同的。民主是一种历史视野，它在今天和明天会变得不同。资本主义生产方式已形成一个平等社会及其之后的世界扩张的物质基础，与此同时，民主也应是顺水推舟的事了。它也可算是一种共产主义式、诸众之间的新的政治关系。它会形成一种集体的智力，一种思想、情感和身体的运动的集体力量。如哲学家内杰里和哈特所相信的，它足以爆破帝国的边界。今天，我们说"民主"时，是依赖于以上信念的。主导系统里产生的集体的智性力量，依然是主导式的。不平等的社会里，产生不出平等的社会。平等社会无非也是由我们在此时形成的平等关系，需要我们通过独特而脆弱的行动来实现和维持。需要民主这一催化剂，平等和民主才能同时实现。只有那些动不动想当思想的法官的知识分子才会轻率地承诺民主的到来，又马上害怕那样一种新民主和新政治的到来。"对我们的愿意与无论谁都一起共享智性的力量的人而言，这种未到来的民主会鼓动我们的勇气，并给我们带来欢乐。"[1]要民主、搞民主，其实是先抱这样一种姿态：让这看上去乱轰轰的民意、

---

1 *La haine de la démocratie*, p. 106.

民议对我们来得更猛烈些吧！

　　民主首先是对出身法则和财富法则的取消。它强调的是一种纯偶然，后者迫使个人和集体时时变换、轮换位置。民主是这样一种意图：独独在这样一种偶然之上，去创建一个共同的世界，对每一个人都共同的世界。今天，从波斯尼亚到车臣再到埃及，正在发生的都证明了：共同法则是人的共存的唯一条件，人民必须成为 démos（群民），而不只是成为 ethnos（种民），不是去成为仅仅在血缘或祖先的法则上才团结在一起的人民。[1] 用民族血缘和关于祖先生活的共同神话来维系，只是暂时管用的诡计。新的人民之间形成的民主才能真正凝聚成新的共同体，对无论哪一个都"共同"的共同体。

　　而"人民"这个词的意义值，总还是亏缺很多；"人民"总还被排斥了很多成分和比例。使"人民"这个词的意思饱满，使人民真的成为人民的，才算政治。波斯尼亚、卢旺达和土耳其正在开始的那一些政治进程，看上去是不同的进程，其实没有大的区别：哪个治体不让政治成为政治，反而使政治成为苦口婆心下的阳奉阴违，一转身就动坏心思，什么都回到那个种民（ethnos）上来说事，拒绝政治，那么，我们就只好先抗拒它，把它当作阴险的暴力来对待。政治无影踪了，只好从"占领"来开始。

1　*Chroniques des temps consensuels*, p. 18.

即使是民主政府，也总会一不小心就滑向一种自由主义，将民主治理和共和相处，混同于由财富和专家来统治：给穷人一点物质利益，给富人一点想象的投资机会，这样就能息事宁人，不让政治对抗成了主流。民族群情激愤时，它只是想用民族主义情绪暂时来代替那种财富原则和知识专制的统治而已。过后又一切照旧，民主仍被撇在了一边。

政治秩序是偶然的。民主是新的政治主体不顾一切地挤入、撞入政治场域的方式。它是对现存秩序的冲击和摧枯拉朽。在这个意义上，才能说，民主总是正在到来的：前来给当前政治矫枉过正的力量，才是民主。先民主了，才有政治。

而朗西埃更强调，民主也只是那些不配来管治、只配被管治的人，也有了管治的权力，也大大方方地要来做主时的政治状态。民主不是宪政的一种，也不是社会治理的一种形式。人民的权力不是某一部分团结的人群的力量，也不是大多数人的权力或劳动阶级的权力。[1] 民主是从来没有资格、权利来说话的人，也冲进来大放厥词了。民主是由那些被怨屈的他者的身体来出演的。他者的身体并不出现于新的政治空间内，而是先裸露于街头的。这种裸露，就是抗议、抵抗和占领。

在任何社会，民主都是那一无法被驯服的力量了。一个社会

---

[1] *La haine de la démocratie*, p. 54.

的政府，就位于民主的这一无法被驯服的火山之上。[1] 政府是受制于民主这一难以驾驭的力量的。知识分子虽然在大众媒体上心不在焉地喊着要民主，真得到了，其实也是死也不肯要的。朗西埃认为，今天，我们是普遍地处于一种全球共识秩序中，那其实是既反专制，同时也是普遍地反民主的。我们想要搞民主，不是因为想要追随这一理念的普遍性，不是为了要实现美德，而是为了让自己更爽（将民主、人权和个人权利当作爽的工具）！[2] 在欧洲民主里，是那些自私和自我中心的人最终在统治。民主对于他们而言，就是让人民过得爽，让个人表达出他们的自由（而自己就是依照他们的情性和快乐，想要怎么来就怎么来），冷漠于任何集体秩序。民主在欧洲成了管治和政治生活的糟糕形式的代名词。但是，哪怕这种人人都只是为了自己爽的民主，也是民主；好的民主也只能从这种不大好的民主里搞出来。

在法国，朗西埃说，情形看起来越来越像是，先辈杀了国王的头只是为了让其后代在今天到超市里推上购物车，搞民主，目的似乎就是为了更好地消费。从法国大革命以来，民主的场地本身成了摆售各种宪政形式的大集市，是一个一代代人民喜闻乐见的滑稽人物汇聚的大棚，在其中，人民对于权利和快乐的消费成为与农副产品供应一样重要的大事。而手机是我们加到民主这头难

1　*La haine de la démocratie*, p. 57.

2　Ibid., p. 42.

以驯服的驴子这一柏拉图寓言之上的最新一个细节。[1] 民主，居然也成了统治者大加鼓励的政治游戏。但是，民主也只能在这种看上去不大好的民主里继续搞。而只有激活了政治，搞活了民主，政府才合法。[2] 而激活政治的手段，反过来说，也只能是民主。该做的，或许是使这一看上去乱哄哄的民主，继续更乱哄哄一点，直到里面开始了真政治。

哲学家们往往对民主提出保守的规定，通过将柏拉图关于城邦秩序和民主的立场拉到今天，来限定如今的民主该怎么搞。比如阿伦特就指出，人的传统秩序与自然秩序，只有在古希腊，才被有机地结合于城邦之中。她说，arkhè 既是起源，也是命令；这是要在开始的行动里期待命令的权力，在对命令的执行中，去证实行动者配占有这种开始的权力。这一起源加命令，在柏拉图《法篇》第三章和《理想国》第八章里，被分成七种用更强的权力来统治的方式，如老压小、父压子。倒数第二种，则是用教士（公知）的权力来压服社会中的纷争，如孔子的用道德判断代替法律判断来斩少正卯。而这最终总变成书读得多，统治的权力就越大，也越合法这样一种意思。知道得多，就更知道善，本身也更善，就有更大的统治的权力，也就更有权来统治。知道得多，统治的力量就越大。哲学家辩护的是这一统治理由。而第七种，也就是最后一种，就是抽签，也就是

1　*La haine de la démocratie*, p. 43.

2　Ibid., p. 56.

乱哄哄的民主，是与上面这种来自人上人的统治对立的。

当然，现在我们要搞民主是用不着杀国王和杀教士了，只需保证：治理看上去是足够政治的，是要让没有管治的资格的人也来管治，就行。这听上去很有逻辑，但正因此，它也使我们无法忍受。[1] 于是，我们才容忍社会被众多寡头游戏来组织和统治。

而实际上，从来就没有不折不扣的民主社会。社会总是少数派来作用于多数派来运行。[2] 总是人民中的这一部分来作用于它的另一部分。总是人民中的这一部分的权力来制服另一部权力。这种人民内部的冲突和对抗，才是真民主。

人民民主与寡头管治的社会之间必然是格格不入的。连资产阶级哲学家如贡斯当也懂得，直接民主是唯一真正的代议式管治，虽然说直接民主也同时会排除人民中的某一部分人的权力。阿伦特在1963年的《论革命》中，也将雪中送炭式的革命形式看作人民的真正的权力，认为这种协商委员会构成唯一真正有效的政治精英。[3] 而代议制民主，实际上，落到实处只是一个议会制度而已，只是社会学家阿隆说的"多元主义宪政政权"，最初建立在"自然"精英的特权之上，之后才被拖入民主斗争。在英国，通过选举制度的不断改革，它被搅拌成了自由民主：不断地让新的寡头来主

1　*La haine de la démocratie*, p. 51.

2　Ibid., pp. 58–9.

3　Ibid., p. 59.

导，并将选举人当作了一个抽签团体。[1]

关于什么是政治和什么是民主这两个问题，朗西埃通过与阿伦特对决来摆出他自己的尖锐的看法：政治和民主，不是由有能力、有时间和有兴趣的人来搞的，而是我们逆来顺受地等待从外面冲进来的人来搞，搞到我们其余的人头上来的。"在《政治十条》中，我专门反对了阿伦特的关于政治与公共生活的立场，反对她将政治和社会性对立。她将政治仅仅当作公共事务，是一种反政治的逻辑和警治的逻辑，是在标出专门为政治留出的空间。政治在那里成了专留给事务相关或命定要来搞它的人了。而在我看来，政治是要将普遍的和共同的东西强行带进私人、家庭或社会的领域，将一切人拖入，将一切人拉平地来搞。"[2]朗西埃所说的异感（dissensus），是他独创的。几乎所有其他的政治哲学方面的作者，都共享了这样一个与异感对立的观念：共识，也就是关于民主的共识，或认为民主会通向共识这一共识。不同的作者，从阿伦特到利奥塔，从巴迪欧到阿甘本到米尔纳，都将某一种民主看作共识，基于柏拉图所说民主的算术点数原则。他们都指望一种好多、异质多，将它当作一种增补的力量、一种超级大国式的压倒性力量，当作米尔纳说的"多加的一个"。而只有朗西埃一个人是要使民主与共识对立，并认为，打破共识之后，民主才开始。民

1　*La haine de la démocratie*, pp. 61-2.

2　*Dissensus*, trans. By Steven Cocoran,Bloomsbery, 2010, pp. 208-9.

主需要时时开始，已经开始的也必须由新的异感来打破。

这里，朗西埃关注的重点落在了政治现场的重新部署和分配和经验形式的重新构成上。他将民主与智力平等联系了起来。将平等之事坚持到底，政治边界和地形才会清晰，民主才会到来。"不应等待异质力量的介入，和前来解放，而应激活当前，在同一专用地盘上，开始我们的政治或斗争。"[1] 多加一个进来，原有的平等被打破，民主重又在新的不平等状态里，开始下一圈。

"关心公共事物，是自我选择成为的精英去证明其幸福的途径。"朗西埃认为，阿伦特的《论革命》里的这一句，是如今的知识分子最爱听的贴心话。为什么？因为，在阿伦持看来，人民的真正权力，要经过精英的教导后才可释放到社会政治中，否则就会对社会造成破坏。知识分子成了把控让谁进和不让谁进的阀门。少数人统治多数人这一条，在今天的知识分子心中，重又天经地义。那些称自己为公共知识分子的人，也自称拥有了这种不经辩护的统治权。

在知识分子的这种监护之下，人权也成了需要另外的权利，有了素质和能力后才可能领到的权利，需要被公共知识分子审批后才能得到。只有知识分子才具有帮助人民得到那种权利的权利。这正好解释了为什么人民一直以来怎么也得不到他们该得到的权

1　*Dissensus*, trans. By Steven Cocoran,Bloomsbery, 2010, pp. 211-16.

利了。而也是从 20 世纪 60 年代开始，西方人开始像城里人打发旧棉被和旧衣服给贫穷灾区的人民那样，将人权当作救灾物质，运送和分发给了第三、第四世界的人民。人权很好听，但成了需要另外的权利，有了素质和能力之后才能领到的权利。被剥夺人权者，永远需要知识分子的中介才可得到那种权利了。在知识分子的教导下，人民要先得到人权、权利和素质之后，才能去搞民主了。

阿伦特关于"人权"和"政治"的立场是今天的知识分子大言不惭地为不平等辩护的主要支点。[1] 具备了素质，才能够得到政治权利。否则，刁民一有了权利，搞起民主，一平等，就会乱套，今天的主流知识分子几乎都在这样说。朗西埃指出，阿伦特是一个隐蔽得很深的柏拉图主义者，其政治哲学里隐含着为不平等的厚黑的辩护。他以反讽的姿态回击阿伦特：只有那一无素质的人也来要自己的权利，得到自己的那一份了，"民主"才真正开始。此前的议会式民主和大众媒体里发生的民主，最多只是前戏。

而阿伦特所要辩护的政治秩序，正是我们今天落入的这一种：在其中，那些精英，也就是医生、律师、法官、教士、诗人和学者，如马克思在《共产党宣言》中所说，从此都以薪水为其最高目标，公共政治要经由这些精英的打扮和管理，透过那些自我中心地算

1　*La Haine de la démpcratie*, p. 38.

计的小资产阶级情感来展开。个人尊严从此要让位于交换价值，个人自由也将被商业自由代替。人民将被打散为一个个总是热切地想更多地消费的机会主义个人。消费社会中，个人化对于精英，反而成了好事情，因为一旦让个人成为"民主人"，也就都去为薪水而献身，为消费而劳动了。也就是，"如果女学生闹着不肯掀头盖，同性恋争着要生孩子，精英们马上就有了发言和利益的市场，他们就可以堂而皇之来扮社会学家和政治哲学家了。"[1] 在今天，民主生活也成了一种非政治的生活，是消费者过的麻木的生活。人们被商品、少数族权利、文化工业和试管婴儿弄昏了头脑，个个成了需要治疗的人。统治者用一点点小快感的担保就能使我们就范，代价是我们被贬入一个虚空的帝国。我们被民主、被个人、被消费统治着。[2] 我们从此被精英的口头统治压住。如果阿伦特生活在今天，看到这一切，不知她会对此出何种不同的反应。

朗西埃将我们至今所说的政治归为三类。一类是柏拉图式的始源政治。二类是亚里士多德到霍布斯之间所说的寄生政治——坏政权寄生于一种关于善的政治理想之上。第三类，就是马克思所开启的元政治：那无身份者，如布朗基那样的阶级，也冲了进来，要来扰乱我们那本来是政治与警治合一的政治秩序。这时，政治就成为对于主权和契约的打碎，是对旧政治的破除。

1 *La Haine de la démpcratie*, p. 37.
2 Ibid., p. 39.

阶级斗争之激活，使政治走到它自己之外。在第三种政治模式里，民主再也不是政治的一种搪塞形式，而是进入了无穷动状态。

从朗西埃关于民主的立场看去，国民议会、民族议会或国会中，能走民主的不是那个制度或机构及其表演，而是其中的"斗争"。在公共领域中也是如此，里面实际发生的不仅仅是哈贝马斯说的语用伦理保证下的理性交往，更多的是政治与警治之间的冲突。此消彼长，政治活跃，警治就少一点儿。警治多了，政治就被蚕食。

奥斯维辛之后，西方人在理解"民主"时，有了一种伦理转向，开始考虑民主的受害者，着眼点移到了如何反思和改造人性才能搞好民主这件事上。朗西埃认为，这个以哲学家利奥塔为代表的关于民主的伦理思考的方向，是根本错误的。他在《异感》中写道："利奥塔对于他性的理解中，隐含这样的意思：启蒙和解放之梦，自然会使现代人萌生这样一种不轨的意志：否定他治的律则。"在集权主义和纳粹屠杀的背后，利奥塔认为，就是这一意志。于是，对他者权利的张扬，为对那些邪恶轴心国的军事征伐提供了理由，为小布什派兵入侵阿富汗和伊拉克提供了辩护。[1]思考政治时的这种"伦理转向"使知识分子为保守主义的实用主义政治开了道。

而德里达对他者的理解，是借用了列维纳斯的一些概念，是

1　"民主就在今天搞"，载于 2013 年 5 月 20 日《东方早报》。

将民主的到来寄托于时间的弥赛亚结构里了：民主是正在到来的；必须以那个为准；那一未来民主，将来规定我们的当前政治。德里达所说的"正在到来的民主"兼带解放的意涵，是想用弥赛亚式许诺去对抗法律对我们的胁迫。但德里达用解构的方法，用括号不断地排除已到来的东西，使我们对他者和正在到来的民主的理解滑动于下面两个立场之间：要么，他者到来后向我们实施的未来民主，是对激进的他治律的强调（最终会支持代表上帝的比如说对阿富汗的侵略）；要么，它是要我们事先就与他者不断划清界线（他者是激烈的他性的，不肯就范于未来民主的）。

最终，德里达对他者概念的理解对于民主而言，要么是太过分，要么是太不够。太不够，是因为民主不仅仅是国家所操办的那种"自由民主"；太过分，是因为民主是远远配不上向他者的开放的姿态的。说到这里，朗西埃就救急似地搬出他自己对民主的理解：民主就是那没份的人硬要挤进来蹭一份。不光是那些本来被排斥的人可以冲进来要，就是原来没有被算在内、甚至没有被想象到的人也可以冲进来，来要他们的那一份。这是朗西埃关于民主的立场中最为激进的地方。他比德里达理解得宽很多，将民主看作我们处理他者问题的多种方法里的一种。民主里，时间中断，遗产间断。在这裂缝里开始搞民主，民主使政治这才成为为他者负责的事业。[1]

---

1 "民主就在今天搞"，载于 2013 年 5 月 20 日《东方早报》。

共同体之内，总有一些成员被误认，被少算，被误算，被漏算。他者是那些没被平等地算在内的人，无产阶级是那些从原来的阶级掉落到不济地位的政治主体，并不仅仅是没落或苦难中的劳动阶级。他们冲上来，要来认领或重申自己的权利。这种诉求，保证了共同体内的政治的开放和激烈。

而即使是人民，即使是那些自由的个人政治主体，也常会被国家错认，被安上错误的名头和身份。"人民"这个称呼无法包括我们全体政治主体。所以，政治开始于那种对"人民"、对个人政治主体的实价的重估和重测。[1] 我们其实还不是我们认为自己是的那种样子。我们要找到自己的真正角色，要成为人民。这种努力，才是政治，这种政治，才保证了民主的活跃。

对于人民和公民的行政统计和社会学式登记也是不够的，专家和学者也不能帮我们找到身份。揭示一种怨屈，将未被算入内的主体计入，使本来不可见的那些身份呈现，在当前达到新的平等，使我们的集体平等感得到新的慰抚和重申，这是我们的新政治的任务，途径是：民主。

政治因此是一种悖谬的行动：一方面，我们要重申来自共同体的同一的强求和划一；另一方面，我们又要宗教般地屈从于来自他者的独特性法则。这是：又立又破。对民主提出了这种要求

---

1 *Aux bords du politiques*, p. 212.

之后，政治就成为对他者负责的事业：我们为他者争权利的同时，也在共同体内达到了新的平等。这是在更高的政治意识下达到了新的平等，他者的遭遇是我们的政治行动的契机，他者是我们的政治场域的新主角。每一个政治主体都是他者，我们自己也是他者：我们都不是我们自以为的那种政治之政治主体，我们总只是治体内的某一主体配方，会被误算，被漏算。我们是与那些激烈的他者一起被重新点数、被重新赋予新身份的，在新政治中。

五、民主：使平等之事天天被对质

我们的社会正在更多地被各种服务契约统治。政治主体之间正在形成一种相互预设的服务秩序。马克思、恩格斯在《共产党宣言》中就预言，资产阶级社会的一切关系都基于这样一种服务模型上，是要在服务者和客户之间的契约上建立平等的基本关系，而这种关系看上是平等的。这样的社会里，"我们只看到客户在购买某种劳动力，剥削关系被置换成表面的平等的统治，商品供应原则下的自由交换下的民主式平等"[1]。我们看到的这种服务契约至今没变，且更精致化了。这种对于对等服务的精致化是要和稀泥式地对待平等。它不是不给你平等，而是让你在交换中忘了

1　*La haine de la démpcratie*, p. 26.

这一些平等之戏背后的主导，忘了那个操纵者。广泛的相互服务下，我们其实是生活在假平等中。

柏拉图的卫士共和国和基督教里的爱的共同体，加上那些原始共产主义式工人共享共同体之外，另外又给了我们这个叫作自由（liberty）的新的自由（主义）式平等，我们都如获至宝，以为那就是平等了。朗西埃提醒我们，正是这种似是而非的平等，在这个市场消费传媒社会里迷糊了我们的双眼。它让我们认服于一种共识秩序，屈从于一种专家与财富统治秩序下的温吞水专制。拿工资的政客很自我中心式地为自己的利益去为我们争取权利，而权利则成为商品那样的东西，成为能多拿到一点就多拿一点而已的东西。在权利面前的人人平等，最后只成为商品面前的人人平等。文化工业向我们提供的商品、实验室里生产出来的婴儿，看上去才是我们在民主社会、共识社会和消费社会里努力奋斗着要去得到的东西。有太多的个人假装着要去争取自己的权利、个人性之特权。个人都要来自我实现，政治场域于是就显得不够宽，这就需要不断腾出空间。这样的民主社会，这样的民主政治，就落进切蛋糕式地瓜分权利—平等的机制下的统治之中了。

我们的平等被贬低为一种契约下的服务项目的挑选，共同体的幸福成为每一个个人的无尽欲望的实现总和。这使比如说亚里士多德的关于为什么要有社会的解释更显得庸俗了：社会只是为了达到共同体的集体幸福而临时达成的一种将就。那用来摆平争执的政治可先被放到一边去，过日子更要紧，改造社会和世界，慢慢来好了。

数量式平等、几何式平等，也只成了照感性、个人情性来重新切割共同感性的事。那个柏拉图式的集体爱洛斯（Eros）所要达到的目标是：切得公正一点，不通过神的帮助来达到分配的公正。在柏拉图和基督教所设想的政治共同体里，卫士和工匠、主教和红衣主教之间的劳动分工曾是惊人的败笔。最后，平等者的共同体内造成了一种坐享挪用偷窃关系：等别人来实现，然后自己以平等者入驻。现实中，我们也真的最后都依赖了这种坐享挪用偷窃关系。他者是那些被我们忽视的人，他们的平等被认为与我们自己的平等无关。在既有的政治哲学讨论中，最好的共同体理想都是让别人先去实现，然后我可以来坐享。在柏拉图时代到基督教到共产主义者中间，都是这样。我们必须开启另一条平等道路，政治才能找到它的新标尺。

为了使新政治达到民主的状态，我们必须重申，平等必须是每天在众人面前被对质的事。这是要在每天的新争执下去重认的平等，是要将新的平等之能指铭写到共同体内，使被忽略和被怨屈者也得到补偿和肯定之努力。它必须每天被结算，每天被重新开始。共同体背着这样的责任：沿着一些暴力的偶然事件，来改造共同体因为生活到一起而造成的不平等，孜孜以求最新的平等。一直以来，我们都认为，优秀者有更多的力量来资助那些没有能力自己使用那一属于自己的权力的人头上。这一亚里士多德政治逻辑，到今天，必须打破。平等总是例外的。[1] 平等总是伴着再生的偶然的暴力而实现，哪怕是在不平等的专制社会里，也因无法彻底压制平等而不落下把柄，因此必须摆出平等的台面。哪怕在不平等社会里，我们也总是假装在追求平等的。为什么我们总须做这样的表面文章的呢？

因为，号称共享的共同体，想要和达到一种没有分割的分享，坚持在社会机体内将平等当作标尺，这是民主的基准。共产主义者的激情，表现在要将平等从其例外状态里抽出，使它成为人类的普遍关系的基础。共享本身的两歧，却会将共同的感性争执空间改造成为共识空间。[2] 而目前很流行的这种共识空间，总只是虚假的承诺。而我们要的是开始之暴力，是重申已经说出和铭写的关于平等的许诺，重新分配机构和责任，去与被接纳的他者进一步达到平等。民主正产生于对这种平等的一天天、一次次的对质。种种对质才是民主之本义。

六、先共和，再民主？

共和是民主的前期？达不到激烈的平等下的民主，先达到多元文化身份下的共和，来作为前奏和底线？想民主，但总先陷入

---

1 *Aux bords du politiques*, p. 169.
2 Ibid., p. 169.

了共和。(多元文化主义是今天的"新共和"？)朗西埃向我们指出，共和国是共和的法律与共和的风俗的结合是国家的机构和社会的风俗之间达到同质后的一种政制。共和国不是卢梭的，也不是马基雅弗里的共和国，而是柏拉图的共和国(我们将他说的"共和国"翻译成"理想国"，是偏了，他说的只是"共和国"的一个版本)。只不过，他的共和国是照几何平等来安排：各人根据其灵魂等级或财富与知识的占有比例来各安其位，不是照算术平等来安排权力和等级位置。[1]在好坏—共和国里，教育成为给具有不同美德和资质的个人发放位置、财富和知识和权利的事。而在我们今天的共和国内，财富和知识寡头们的游戏则成了我们的政治生活的全部，是根据他们的需要来组织我们的国家和社会生活。治理，也成了少数人对于多数人的统治，是共和国的专家和知识分子一定会给普通百姓张罗好的事。

因为做好共和，也要不来、得不到民主，我们这才很绝望地让财富和知识来统治我们自己。在得到民主前，我们先陷入这种半共和之中，长久不能自拔。

比较容易让我们看到这种现状的，是共和国要将知识平等地分配到为每一个人而办的中小学教育。在不平等状态下，这越来越成为牵动人心的公共事务：时时、事事须为抢夺分配权力位置

[1] *La haine de la démocratie*, p. 71.

的机会而谋划着如何去插队。大学教育则成了订制的私人服务，是家长设计，由社会来制作编排。而照那些共和主义者原初的想象，共和是要将平等之统治体现到国家对于社会差异的机构式中立式拉平中的。它是要将那种乱的政治吸纳到政治中，将民主之过度当作一种政治推动力来利用。一开始是说得好好的，法和精神与共和风俗，将通过国家的手段来弥合社会造成的差异。但现实中，共和仍是一片乱象，从来就没有起色过。

柏拉图其实很像我们共和国里的一个社会学家或教育家，倒可能实诚得多，他肯强调高等教育是要照人的灵魂等级高低来塑造出不同的美德。今天的共和国专家会强调，共和国的中小学教育是要造成一种同质的政权/政体，使国家的机构和社会的风俗交融。说得比什么都好听，执行起来，完全是另外一回事了。哪怕布迪厄式的批判社会学家，最后也只是要帮国家重建一种政治秩序来阻止民主对于社会机体的撕扯，使这种政治秩序与一个社会的生活模式同质。再怎么指望也没用，社会学成为共和国的官方科学，这种社会学研究到最后仍是不要政治和害怕民主的。当然，是的，说是要民主，其实我们先就卡在共和上了。

共和派的教育观与民主派的教育观不同，但都是一样高妙的主张，两个都从未被真正实现出来。朗西埃认为，19世纪30年代，法国的共和派已经有这样的教育理念：打开或取消小学、中学与大学之间的区分，使教育建立在"关于事物的课程"的快乐，而不是语法的规则之严格上。但不久，这种共和教育重又回到"教导人民中的某一部分人奋发自强，超越大多数人天然的功利主义"
这一做法上。也就是说共和教育是很容易滑到这种精英教育的路
子上去的。我们常见到的是，大学中学化和中学小学化。关于此，
大家会觉得落后和倒退，其实，共和精神要彻底，就必须是将大学
和中学都小学化，或小学大学化。共和一开始也是以民主为标杆
的，但随即就滑入寡头统治式的钱权原则指导下的知识机构设计。
我们共和达不到，民主又搞成了寡头统治下的一潭死水。

共和国的中小学教育和民主的高等教育之间的争执，也曾是
平等主义与个人主义之争的继续，在今天一点不比在 1830 年的
法国平静。分配知识，就是分配位置与分配权利。共和在今天折
中为民主式平等的治理的按比例的正义之科学治理。照道理，政
治应在这样的新共和中去激活财富的资本主义无节制与政治民主
的无节制之间的冲突。但是，知识的社会资质权力很快与出身和
财富的权力勾结，变成寡头式权力垄断，造成民主的僵化和政治
的无能，以及垄断下的实质性的无序。

我们的当代政治困境似乎是：由于害怕民主个人的胃口吞吃
一切，我们反而退出民主，在一种共和式的共识政治借口下，使
这种吞吃一切的民主，走向人类自我毁灭的大灾难。[1] 共和只成为
我们搞不好民主后剩下的遮盖乱局的幌子。我们因为害怕民主带

1　*La haine de la démocratie*, p. 78.

来大灾难，这才因循地回到共和，最后真的促成了灾难。

而民主在这时本来应该帮我们在自由和平等之间做出独特的调整。民主时，国家被推到一旁被保持距离，被衡量和对质。一个政治事件一被澄清，平等原则就地可以实现，这一状态被称为民主。[1]一个政治事件中，一个可普遍化的集体突然涌现。人们于是要用这一事件里的尺度去度量国家权力有没有尺度。国家肯定是异化和压迫式的；政治此时就是事件之无限性，是国家的失控和结局的未知。我们应该用政治的无度去制约国家。事件对国家权力做出一种固定的制约，因为国家总是要对情形中的某一部分做无节制的制约，自由于是就与国家保持远距离。我们想集体地制订尺度，来限制它。[2]巴迪欧指出，巴黎共和广场上经常冒出的黑压压人群，就是对于我们今天的无论共和还是民主的政治状态的讽刺。在共和广场上，黑压压的人群之间的政治是一种真正的政治组织、一种集体的条件系统，能将政治带入集体生活。政治这时是所有空间中最不受羁绊的。每个在广场上占领的人，都是独自站出来，要来解决问题。他们的集聚才是代表之新规范，他们之间的讨论不是热闹，也不是超我式，而是像两个科学家之间对一个极其复杂的问题的争论。[3]这是一种积极的思想中的政治，

1　Alain Badiou, *Metapolitics*, trans. By Jason Barker, Verso, pp. 149-50.
2　Ibid., p. 145.
3　*La haine de la démocratie*, p. 76.

微妙但又坚执，在对意外的期待中来组织，去与各种民意代表对着干。这是要将数量无限的独特者都计算在内，号召同质的多重性，去对抗国家的异质秩序。

七、只是在当前的不大好的民主里往下搞民主

今天，谈民主时，我们也许更有必要指出，民主不只是一种辖治形式，也不只是一种社会组织的形式。它是"政治本身的一种机构，也就是说，它是对无论任何人的激进能力（lacapacité radicale）的重申。它无法在宪政体制的形式下自我联合。它总是通过政治情势的发明和政治主体的发明，而不断地被重新部署。正是这一重申将政治硬生生地塞进了那一政治已被否决的地方"[1]。它总是发生在你认为应该和谐、一致的当口。它总是天要下雨、娘要嫁人般的到来。

朗西埃认为，托克维尔在《大革命与旧制度》里慨叹的其实是，人民及其风俗（今天理解应该是"素质"和"气质"）是配不上民主这种操作的。民主对于托克维尔、麦迪逊和孟德斯鸠而言，还不是一种对腐败加以治理的形式，而是文明的一种危机，将会危及国家和社会。那时说的"革命"，几乎就是今天我们在说的"民主"。

1　*Et tant pis pour les gens fatigues*, p. 468.

这些作者的态度，都是要我们对大众民主留个后手，以防被它拖下水。知识分子们今天读《大革命与旧制度》和《美国革命》，表面上好像是要去找到一种更好的民主，在辨析什么样的民主最好，其实却在警告我们不要去搞民主。

"民主"，在柏拉图《法篇》第三章和《理想国》第七、八章里，都被当作贬义词来用。在 1989 年之前，它的意思也没有今天这样高妙；那之后，为了对比出我们今天的不同，我们才赋予"民主"这么多正面的意思。朗西埃指出，所有国家都是寡头的，民主国家也一定是。我们今天见到的欧洲民主，是国家寡头与经济寡头勾结到了一起。欧洲人民也并不完全生活在民主之中。[1] 朗西埃用了反转式修辞来讨论欧洲今天在搞着的是不是民主：欧洲的政府是不腐败的，但是，它们让所有的腐败偷偷发生到了市场里；在市场里，国家寡头与各种集团勾结到了一起。[2] 政府表面上想从人民那里获得合法性，但背地里，他们雇佣专家，用他们的知识和技术去封堵人民的嘴，使他们感到自己很无知，主动出让认识和尝试的权利，不敢搞真政治，任由经济来统治社会中的一切。这过程中，全球资本最后就来收割我们的全部梦想。[3] 我们的热情，最后全变成了怨恨。"我们的热情，最后全变成了怨恨"，这句话

1　*La haine de la démocratie*, p. 81.

2　Ibid., p. 81.

3　Ibid., p. 96.

正好能解开我们今天呼喊"绝不让文革重演"的动机：我们也有过改造社会的热情，但很快，这种热情变成了三十年以上都无法解除的怨恨，甚至就将它看成了恐怖。

任由寡头来以人民的名义统治的治理形式，不是民主；用商品市场来调控的社会形式，也不是民主。民主是我们不断颠覆寡头政府对于公共生活的垄断，对抗财富对于生命的无节制的权力的一次次行动。[1] 在当代，我们已陷入这样一种生物政治：在共识下部署，借由纪律的内化，去管理人口，使劳动力健康，为国家服务，让人民自己为自己服务；它对风俗、习惯、健康、繁殖、家庭、血缘、福利的调控，做出典型的生物权力操控；规训权力强加坐标，限制思想，规定什么是正常，什么是不正常行为。我们必须从中振拔，才能找到逆转点了。在生物政治面前，朗西埃仍然坚认，民主仍然必须民主地被往下搞，没有别的道儿。

说到在资本主义的当代生物政治中去找到逆转的可能，朗西埃回到了对奈格里的批判上。他认为奈格里用当代非物质生产正在加快"共产主义"到来这一立场，揩擦了真正的民主。奈格里认为，资本主义的生产和交换形式也为它自己创造了平等社会及其全球扩张的物质条件。这一历史视野撑起了今人对于共产主义或诸众式民主的希望。在当代非物质生产加速的情况下，大家有理由期待一种集体智性的形成，作为思想的集体力量、身体的新感

1　*La haine de la démocratie*, p. 105.

性和运动，来爆破帝国的边界。今人对于民主的期待，实际上是对此一信念下的诸众集体政治行动的期待。而奈格里的非物质生产会加快共产主义到来的步伐这一立场，过分乐观了，至少会转移人民的注意力。

朗西埃仍用"人民"这一概念来打压奈格里的"诸众"这一概念。他认为，人民的权力，新的不断形成的另外的人民的权力的出场，才能保持政治的活跃，才能使民主保持在生猛的状态。他认为，平等社会也只是由此时此地的我们通过独特而脆弱的行动，通过我们已经建立起来的平等关系，才能汇合成。民主并不基于任何人、任何物的特质，也不由任何宪政形式来保障，不出于任何历史必然性，也不从任何入口进来。它巩固于我们的独特的行动积累成的一次次实例之上。[1]

那些为了一点点小快感而活着的小男小女们，被知识分子看作民主之罪的祸首。这是国家寡头背后的知识精英们为阻挡真正的民主到来所用的诡计。[2]可是，民主再怎么说，也只是在这些小男小女们之间的民主中搞出的乱哄哄的民主。像奈格里这样，避开这些小男小女在搞着的有问题的民主，去寄托于诸众的漂亮、干净的虚拟政治行动身上，是逃避。朗西埃认为，只有那些懂得与不知从何处冒出来的人平等地分享智性的力量的人，才能获得

---

1 "民主就在今天搞"，载于 2013 年 5 月 20 日《东方早报》。

2 *La haine de la démocratie*, p. 99.

勇气，因而也才能在民主中获得欢乐。[1]

到头来，我们总发现，还是柏拉图那一句话说得对：来统治我们的，正是那些自己被剥夺、以自我为中心的人。对于柏拉图而言，民主原则的唯一宗旨，就是人民的快乐，让个人表达出自由；而对于人民而言，民主的唯一的法则，就是让其气质能多样发展，弄来尽量多的快乐，一概不管集体秩序的事。"民主"这个词的意思，于是成为一种生活方式，去与共同体任命的那个政府对立。柏拉图在《法篇》第三章中向我们指出，民主是一种不是政治政权的政权。它没有宪法，因为所有的宪法它都齐备着了。它是宪法的集市。它是人们喜欢看到的一件小丑的戏服，它最重要的任务，就是让人们能消费快乐和权利。[2]

民主是城邦里的事，而在社会现实里统治着我们的，总只是自私自利的个人。在社会中，民主的法则就是人民的得到更多的快乐的原则，是个人自由的表达，这样的个人总是以他们的情性和乐趣得到各式的发挥而不顾集体秩序作为行事原则。民主在当代社会因此不是一种政权，而是一个大市场，在其中，人民消费着他们的权利和快乐。民主越来越成为这样的集市和五彩缤纷的商品对我们的统治。老师和学生平等了，权威扫地。只有青春才被崇拜，男人与女人平起平坐，少数族裔、儿童和动物的权利得到

1　*La haine de la démocratie*, p. 106.

2　Ibid., pp. 42–3.

了伸张。[1] 当代的民主人成为机器人：吃着爆火花，看着电视里的虚拟现实，做着 safe sex，领着社会福利金，享受差异的权利，抱着反资本主义和反全球化的幻想。柏拉图千叮咛万嘱咐不要我们进入的民主，不正是我们目前已完全掉进去的这一种？还用得着我们去实现？

这么说，民主还是不要的好？在欧洲，许多公共知识分子持有这样的看法。米尔纳（Jean-Claude Milner）2003 年的《民主欧洲的罪恶追求》一书里得出了这样的结论：欧洲的民主最终是以犹太人为替罪羊的。同性恋结婚，妈妈生出自己的姐妹，等等，这是民主的必然结局，米尔纳说，这会要了讲求始源的犹太人的命。民主会使人类的老底翻天。而朗西埃则认为，只有将这个消费社会中看上去已乱七八糟的民主接着往下搞，才会形成较像样的民主运动，最终才能走向民主或共产主义。之前的民主有点乱七八糟，但这并不是我们不搞它，去搞另外一种更有序的民主的理由。民主搞不好，那就更应该在它里面搞。我们只能在不好的民主里继续搞民主。

甚至也不要先去讨论什么全球政治，先去激活共同体的内政治才重要。没有自己的恰切的论争之地，就不会有鲜活的政治。政治是稀有的东西，总是本地的和机缘式的（locale etoccasionnelle）。新政治用来打破那快乐的共识循环的方式，在

1　*La haine de la démocratie*, pp. 42-3.

今天还无法预见、无法决断。[1] 政治必须在我自己目前最受用也最恰切的共同体内搞。在党内大搞特搞（毛泽东），在亲兄弟之间先开始你死我活起来（施米特），真政治才会到来。全球政治和正在到来的政治这样的说法，会转移我们的注意力。

在不大民主的民主里搞民主，就行，全球民主和正在到来的民主，也只能从中形成。朗西埃因此认为，德里达对于"新国际"的召唤，想用它来替代我们正在搞的不大好的民主和国际间的民主，也失之潦草。在政治和伦理上理解，这一召唤不得不被理解成对于他者的无限等待，是等弥赛亚的到来了。而在朗西埃看来，"他性"有无限多重性，有无穷多的铭写形式，也有无限多的轮换和异感形式。[2] 等到了的，你不一定会要，等不到的，你等，又是在浪费当前的机会。这个与德里达的关于正在到来的民主的争执，很值得我们重视。朗西埃似乎相信，只要在当前的不大好的民主里接着搞民主，那种全球民主和正在到来的民主，都会一起带出。

八、政治了，才民主，这时，政府才合法

政治，是没有基础的，也使统治没有任何权力基础。只有政治了，各个国家的政府才合法。政府只有基于其自身的无统治基

1　Rancière, *Disensus*, p. 188.

2　*Disensus*, pp. 57–61.

础之上，才是政治的。政府为自己谋求合法性的唯一途径就是主动将自己推入真政治。民主是博弈之法则，也就是在这个意思上说的。一般人对于无法被辖治的民主的抱怨，不外乎：民主的，既不是某个有待辖治的社会，也不是那一社会之政府，而是那一无法被辖治的状态。朗西埃指出，民主恰恰是这一无法被辖治性，按道理，所有的政府都应该建立在它之上。[1] 民主是情性，政治是状态。民主使政治保持在活跃的状态，这时的政府治理才是有益和健康的。

哪怕在民主中，我们仍时时面临选择：要警治还是政治？警治的逻辑就是要将人的能力分离的逻辑，它基于一种专门用来治人的技能。政治的逻辑是一种要在所有人的能力之间实现平等的逻辑。人们很少肯认同后一点，因为他们总相信，社会中有一部分人是不适合治人，而只适合被统治的，在决定时应先被撇到一边。我们总先有了一种寡头政治冲动，想要取消政治舞台。而政治舞台空了，上面就全是牛鬼蛇神，政治就会进入病态。我们总是落进了治体。掉进很容易，要出来就很难。

在今天，政治共同体是中断、碎裂、停顿和本地的。正是平等的逻辑，才将警治共同体从其自身之消极中拖出来，使之成为政治共同体。政治共同体本来是没有的，正是通过这些阻断，由警

---

1 *La haine de la démocratie*, pp. 56-7.

治共同体里冒出，很脆弱，一不小心就会很快滑回警治共同体中。我们所处的常态总只是警治共同体，政治就是要将我们的警治共同体变为一个政治共同体。

政治共同体是由主体化或对个人的制服过程之各种间断来构成，这些间断出现于身份、地域和位置之间。政治集聚是一种"在之间"：在身份之间、在世界之间。革命者布朗基向我们示范了如何来定义和宣布自己的身份：我们都被压制成为无产阶级；我们所处的共同体，是一个怨屈共同体、谬误共同体；我们的身份处于生存状态与职业之间。我们都可以学着布朗基来说：我是无产阶级，我是被压迫的，但我是正在到来的，我代表未来政治的希望，我是来打乱、解构你们的政治的，只要我一挤进来，你们就会乱套。在对民主和政治的理解上，朗西埃其实是一个激烈的布朗基主义者：民主和政治不存在好与不好的问题，搞激烈了，就好，就一样了。

无产阶级是这样一个名称：它处于许多个身份之间、许多个名字之间、许多个地位之间，处于给机器服务的工具和会说话的主体之间，处于公民的状态和非公民的状态之间，处于一种可定义的社会人物和未被点算在内的社会成员之间。[1] 布朗基相信，当我们向地方法官报出我们是无产阶级时，这声音足以震撼甚至推倒整个既定的统治秩序。我来了，你们没有将我算在里面，好的，

---

1 *Disensus*, p. 186-88.

这下你们要乱套了，你们之前的所有算计都不能算数了，就像克尔凯郭尔所说，一个标点错误，能推翻整本书的权威。民主状态里，人人都这样了，社会看上去难以被治理了。

而当前，民主的生活正成为冷漠的消费者的非政治的生活。后者只关心商品、少数族裔权利、文化工业和室试管婴儿。[1] 这种生活是人类自己眼中的同质构形，是人照自己的想法去闷头做出来的，是搬起石头砸了自己的脚。我们要这样民主，也这样得到了一个维持共识—消费的政府，我们怪谁去呢？

政府答应给我们小小的快感，来换取我们对它的信任，这样，它就永远可以来统治我们了。这是一种软暴力。[2] 民主统治者既是教唆犯，又是勒索者，还是抽头者。它像毒贩一样发展我们成为消费者，让我们都嗷嗷待哺，得到一点点，就感激涕零。它对我们软硬兼施，像个拉皮条者那样，对我们讪笑，来逼我们为它卖命。

由于资本主义关系一下子落实到了我们身上，与之前形成强烈对比，我们感到了像孤儿那样的无助与绝望。那一点资本主义生产关系下的权利和快乐只是一层无用的糖衣，而这种权利和快乐曾是我们眼巴巴想要得到，且以为不久就能得到，只要稍一搞民主就能得到的。

传统上我们认为，搞政治，是大家一起去过一种共同生活；

1　*La haine de la démocratie*, p. 37.

2　Ibid., p. 39.

搞民主，是具有多样性的人一起生活的方式，而政治是要在共同体生活的基本原则上，去改造关于民主的多样的法则。一般政治哲学对这一点并不抱异议。朗西埃却认为，民主既不是一种治理的形式，也不是一种社会生活的风格，而是一种制服的模式；这制服是中性的，来自无论是谁的平等权力。既压服，又使之主体化，政治主体通过这一过程而冒出。对朗西埃而言，政治也是人类行动的一种异议形式，是对人类群体的集合和律令的指导原则的例外和冒犯。政治是一条反原则，是一种否定式肯定。[1]

新政治，是要从小政治走到大政治，再回头来专注小政治。在其中，他者的新的内政治形象作为新无产阶级，可以成为我们的一种最有力的政治力量。由艺术家来看，他们是可启用的前途无量的演员。

新政治就是要在共同的争执地域里来纠正那一怨屈，来演示平等。[2]这平等不光关系他者，最主要的它还关系到我们每一个人。所有新政治，都将以那一元政治，也就是审美—政治，为背景。当前的元政治是一种从治体角度来阐释的政治，是一种和谐社会里的政治。[3]这种元政治正在告诉我们，人和公民这两种身份是汇合到一个自由的个人这一形象上的。它很自然地玩着人权的普遍价

1　*Aux bords du politiques*, p. 15-6.

2　Ibid., p. 121.

3　Ibid., p. 122.

值这样的游戏，体现在民主的机构里。但是，那些既没有被看作公民也没有被看作人的权利，最后到哪里去了呢？这些权利被变卖了。未被完全推出、未被完全赋予逻各斯表达权的政治主体受到了漠视和怨屈。

这种元政治，也是对于我们大多数人的身份和权利强加或架空。新政治首先总是我们对于一种由治体加到我们头上的身份的不满。政治总是要去关心那些安在我们头上或别人头上的不恰当的名分，政治不是对话和交往的场地，而是争执和争端之所。说你是什么你就得是什么，说你行你才行，这是社会中的专制的最高体现。在中产阶级共识秩序统治下的和谐社会里，人人都是那"普遍的受害者"。那些普遍性的受害者的诉求不是通过对人权概念的澄清，而是通过一种论争和争执过程来演示后果，才进入政治，才被重新切割到自己的那一份权利。政治的普遍性不在人或公民头上，而在于我们想尽可能多地展示它有什么后果这一点上，在于政治的成为一种话语和实践作品。[1]

九、民主：重新发明政治

在后民主的共识秩序下，政治哲学如果还想继续存在，其任务，是推翻和消除至今为止的所有关于政治的机构性争论，也就

---

[1] *Aux bords du politiques*, p. 117.

是我们在教科书和课堂里搞的那一套。[1]哲学式地讨论政治，是要让政治重新开始。我们不是要用政治哲学或社会科学去启蒙新政治，而是要用它们去搞它。政治哲学有能力担当这样的责任吗？

我们的政治哲学到列奥·施特劳斯的那一种为止，都是要用哲学去清理现实政治：哲学一来做大，政治就被挤到了一边。柏拉图要将自己的哲学原则实现到城邦中，实现之时，就是政治停止之时。苏格拉底是要在哲学中实现和贯彻真正的政治之术，要去找到哲学之政治，而不是去总结政治之哲学。政治哲学，以及从 19 世纪以来的欧洲社会科学和当前的伦理学转向，在朗西埃看来，都倒错了：都是要实现哲学，来压制政治。

那么，政治哲学到底对政治有什么用？朗西埃做出了很独特的回答：政治哲学不是用来澄清政治，让大家统一思想，而是倒过来，帮助人去找到异议，开始异议，制造异议。异议不是误解，而是对共同事物的不同理解之间的冲突和争端。对同一个事物，不同的政治主体的理解之间产生了争执。政治哲学是要鼓动大家开始去讨论如何给每个人带去该得到的东西，以求得正义，不是担保最终得到这种正义，只是鼓动大家争论、冲突和产生异议。关于这一异议的讨论仪规，就是政治哲学。[2]政治哲学是用来帮助我们达到异议去开始政治、实现新的平等和正义的。从来，政治

---

1 *Aux bords du politiques*, p. 249.

2 *Disensus*, p. 13-4.

哲学不是压制了政治来实现政治，就是只实现了关于它自己的哲学，而不是政治。[1] 政治哲学家们原来是宣布要去找到政治的真正本质的，而不是这样去描述作为政治之表象的民主。至今，我们只见到，政治哲学家自己的政治或政治目标是要将政治与警治合一，他们的说写，是警治的一部分。

朗西埃明确指出，政治哲学本身是不可取的目标：它只是要将我们的警治拖进一种根源政治，一种关于最能实现人的优异性的那种本源政治中。政治活动与警治秩序的合一是做不到的，也不是一个值得追求的目标。阿伦特被朗西埃看成后者的代表。

政治哲学和社会学，在朗西埃看来，是两门只会给我们添乱的学科。它们表面上是要我们去理解政治，但实际却是在引导我们去压制政治，或通过压制政治去寻找共识政治。"马克思式的元政治为我们定下了游戏的标的：不断揭示掩藏在政治表象下的真正社会机体，不断重申关于政治之假的科学真理。"[2] 捅开旧政治，才有新政治。政治哲学总倾向于为旧政治、源政治辩护。政治哲学是那一源政治传统的一部分。

布迪厄式的社会学在告诉我们，专家和精英眼里的政治实际已终结，政治哲学表面上在向我们重申"政治的回归"，但实际上，它为了自己的学科名目不断将我们拖到政治之零度和哲学之零

1　*Disensus*, p. 97.
2　Ibid., p. 131.

度。政治哲学家们甚至连自己已将哲学之政治偷偷运进了自己的政治之哲学这一点都不肯承认。我们见得最多的却是：在哲学上去确定政治共同体应该追求什么样的善。我们也见多了这样的田园诗式的政治：去实现精英们依仗着人民对他们的信任而探索到的清明治理所能实现的共同的善。[1]

政治之哲学回归与社会学所宣布的政治之终结，两者其实是同一回事：都是精英或知识分子在掩盖那必然存在的真政治。他们自己本来也属于流沙一样的政治身份和社会分工，但想要掩盖这一点，甚至还要替共同体去寻找他们所说的共同的善，让大家来奋斗着去追求。大家追求了半天，也不知道这共同的善原来只是这一小撮人所说的善。政治哲学所以与我们的共同政治无关，我们最好离它远一点！与巴迪欧一样，朗西埃认为政治哲学是没必要存在的，认为哲学式的政治，也是政治的各种情调里的一种而已，直接去搞，就可以。

政治在今天已不仅仅是不同利益者之间达到联合的共同体内的事，而更多地是单个存在者之间的事了。政治共同体在今天已是一个被时时打断、碎裂、间隔、本地化的共同体。[2]哲学只有正视和接受政治的困境和两难和残缺时，其作用才是政治的。必须先使哲学政治起来，这才会有政治哲学。政治哲学在哲学系中应

1　*Disensus*, p. 131
2　Ibid., p. 186.

该是使哲学政治起来的那一学科。它应该是一种哲学行动或政治行动，而不仅仅是一种清理、整顿政治理性的学问。

十、未来的民主

民主怎么样搞，那是由某种政治形式与其所处时代的感性存在之间的冲突来定夺的。[1]1989 年苏联和东欧共产党政权垮台后，我们对民主的理解变成：对集权主义政治灾难的一种平衡。在后革命状态里，共和国里的用社会习俗去吸收国家政治形式这一共同体内的共和精神，堕落成为大众媒体里的白相式民主的细碎快乐的一应俱全。市场—议会式新自由主义情怀下的民主，像漫漫长夜地堆放在了我们面前。

未来民主于是不再是一个最终目标，而是我们必须在每一步上去努力实现的东西：我们的每一步民主追求，都是在打破我们时代的关于做、是、说的所有伦理和谐，打破我们共同体内的旧情态、旧情怀，是要将一种我们最新认识到的平等秩序强加到我们这个警治秩序上去。所谓政治，就是天天去打破这个警治秩序。民主天天都将是新的，它是有待我们在斗争的白热化中被重新定义的。而在朗西埃看来，如果民主真值得追求，那么，在我们时代，

---

1 *Disensus*, p. 138.

它近乎那个"共产主义"目标了。[1]

未来民主或未来共产主义成为一种视野，成为我们每一步斗争的背景。在生活于一种政治秩序中之前，我们总是先生活在一种言论—舆论秩序中了。媒体的聒噪会吞吸我们的无论哪种理论创造，我们的理论工作总是先要与它斗争，自己才能立脚。

我们听德里达的，肯定民主总是正在到来的，但在我们争取到它或等它自己到来之前，我们总是先陷在那一种政治斗争的白热化里了。这种斗争越白热化，民主状态出现的几率就越高；而且它在任何一个政治事件和场域斗争里都有可能出现，不论我们在哪里，我们着力，我们当真，我们坚持，它就出现。将任何一种斗争进行到底，是它显现的条件。

当前政治的不可能，更预示着共产主义的必然。[2]共产主义的现实性，表现在两个方面：它的话题性，和它的已成为当前现实的一部分。后者是：它不光可欲，而且已存在于此时此地。在当代猖獗的全球资本主义现实里，共产主义实际上也更呼之欲出了。[3]

1 2009 年，朗西埃在伦敦共产主义大会上的讲话。

2 *Disensus*, p. 77.

3 Ibid.

导言

一名年轻女子利用她捏造的袭击事件让法国陷入了焦虑[1]；一群青少年拒绝在学校取下他们的头巾；社会保障不断出现赤字；在大学课本中，孟德斯鸠、伏尔泰和波德莱尔取代了拉辛和高乃依；工薪族们举行示威游行以捍卫自己的退休保障计划；某所精英学府创立了一个不寻常的学生录取计划[2]；电视真人秀、同性婚姻和人工受精日益流行。想找出让这些性质截然不同的事件集中起来的原因是毫无意义的。一本又一本的书，一篇又一篇的文章，

1

1　2004年7月，一名23岁的妇女报案说她带着13个月大的女儿从巴黎北郊的卢夫勒站乘坐D线地铁列车时，几名青年持刀抢走了她的包。据她描述，这伙人认为她是犹太人，挥刀剪她的头发，在她腹部画了三个黑色的纳粹党标记，并掀翻她的手推童车。这一"事件"被媒体披露后在法国引起轩然大波，法国各界纷纷强烈谴责这一"带有明显反犹色彩的人身伤害事件"。但其后证实这起袭击事件纯属当事人捏造。——译者注

2　2001年，巴黎政治学院创立了针对高中生的特殊录取制度，使来自条件困难地区的弱势群体如工人、失业者和移民家庭的子女也有进入精英学府的机会。——译者注

一个接一个的方案，数以百计的哲学家和社会学家、政治学家和精神分析学家以及记者和作家们已经给我们做出了回答。他们认为所有这些症状都是同一疾患的表现，造成这些影响的原因只有一个，这一原因叫作民主，或者说是在现代大众社会中处于统治地位的个体的无限欲求。

2

我们有必要搞清楚这一指控的独特性是如何建构的。对民主的憎恨显然不是什么新鲜事。事实上它和民主本身一样古老，原因很简单：民主这个词本身就是一种对憎恨的表达。在古希腊，这个词最初被人使用时就带有某种侮辱性，在这些人看来，无名的民众治理是对所有合法秩序的破坏。对于某些人来说，民主依旧是憎恶（abomination）的同义词，而权力是属于那些生而注定有权利或因其能力而有权利掌控权力的人。对那些在今日还将神圣法则的启示解读为组成人类社群的唯一合法性基础的人们而言，情况依然如此。憎恨所带来的暴力当然也在当代议题之中。不过，暴力并非本书所要论述的对象，原因很简单：我的观点与那些散布暴力的人毫无共同之处，所以也就没什么可与他们讨论的。

与这一憎恨相伴的历史从一开始就见证了它的诸多批判形式。这类批判承认某些事物是存在的，但这是为了限制管控它们。批判民主的历史形式有两种，首先是试图与民主达成一种妥协的贵族立法者和专家的技艺，民主被其视为无法忽视的事实。美国宪法的拟定是这种调和各种力量和平衡制度设置以最大限度地摆脱民主（这一事实）的工作所缔造的经典范例，并且一直以来，宪法都是为了保护两个被视为同义的事物而严格地限定着民主，即最优秀者的统治和对财产秩序的维护。这一批判行为的成功也自然而然地促成了其对立面的成功。青年马克思毫不费力地揭示了财产的统治权是建立在共和国宪法的基础上。共和国的立法者也毫不隐瞒这一点。但至此马克思的思想资源还未枯竭，他继而又提出一套思考范式：形式民主的法律和制度只是一种表象，在其之下并将其作为工具的，是由资产阶级所行使的权力。于是反抗表象的斗争就成了通向"真正"民主的路径，自由和平等将不再被国家与法律机构所代表，而是体现在具体的生活和情感体验之中。

3

对民主新的憎恨，亦即本书的主题，严格来说并不能归入这两种模式之中，尽管它结合了一些从此二者借鉴来的要素。它的代言人都宣称自己所生活的国家不仅是民主国家，而且是完全民主的。他们没有一个人要求一种更加真实的民主。正相反，他们拥有的民主太多了，虽然他们并不抱怨那些承诺要兑现人民权力的制度，也不提出任何措施来限制这种权力。在孟德斯鸠、麦迪逊和托克维尔那个时代曾激起人们热情的制度结构不是他们的兴趣。他们的兴趣在于人民及其风俗，与人民的权力机构无关。对他们而言，民主并不只是一种堕落的治理形式，它还是一种困扰社会乃至国家的文明危机。由此，一些反复无常的动作乍一看可能会让人吃惊。的确，这些批评者无休止地谴责民主的美国给我们带来的所有罪恶都与尊重差异、少数派权利和平权法案有关，但同时它又对（法兰西）共和国的普世主义造成了侵害。而在美国承诺要以武力将其民主传遍世界的时候，也同样是这些批评者首先拍手叫好。

4　　对民主的双关话语已经不是什么新鲜事。我们已习惯于听到民主是除其他形式以外的最坏的政府形式。[1]但是新的反民主情绪却给这一通用公式赋予了某种更含混的表达。他们认为如果民主政府允许被那个——想要人人都平等且所有差异都能得到尊重的——民主社会所侵蚀，那它就是坏的。而另一方面，当民主政府为了捍卫文明的价值以及蕴含于文明冲突中的价值，将被民主社会所侵蚀弱化的个体集合起来为这价值而战时，这民主政府又是好的。对民主的新的憎恨，其论点简而言之就是：只有一种好民主，即遏止民主文明之灾难的民主。本书接下来将试图分析这一论点的形成并找出其根据，其主题并非简单地描述一种当代意识形态的形式，因为这分析还可以从政治角度告诉我们这个世界的状态以及如何理解这个世界。由此，它也能帮助我们正面地去理解民主一词所承载的丑闻，并重新发掘出民主这一理念的锐度。

　　1　这句话出自前英国首相丘吉尔于 1947 年 11 月 11 日在众议院的讲话。原文为："除了所有那些一再尝试过的其他政府形式之外，民主是最坏的政府形式（democracy is the worst form of government except all those other forms that have been tried from time to time）。"——译者注

第一章

从胜利的民主到罪恶的民主

"民主激荡中东",数月前,某家满怀着经济新自由主义激情
的杂志用这一标题庆祝了伊拉克大选的成功以及贝鲁特的反叙利
亚游行示威。[1]只不过在颂扬这一胜利民主的同时还伴随着一些
指认这一民主的本质与限度的评论。我们被告知民主胜利了,尽
管理想主义者们反对这一看法,这些理想主义者们认为民主只存
在于人民自己建立的人民政权中,如此就不能用枪杆子给其他国
家的人民带来民主。因此,这一胜利是现实主义者眼中的胜利,
也就是说,现实主义者将实际利益从民有民治的乌托邦中分离了
出来。而这一理想主义的教训也怂恿我们变得更加现实主义。民
主胜利了,但我们必须明白这一胜利意味着什么,将民主带给另

1　*The Economist*, 5 March, 2005.

6 一些人并不仅仅意味着给他们带来有利的影响：一个宪政国家、选举和言论自由；它还意味着带来无序。

人们会回想起美国国防部长所发表的关于萨达姆·侯赛因倒台后发生的抢劫事件的声明。他基本上是在说，我们将自由带给了伊拉克，可是自由也意味着犯错的自由。这一声明不仅仅是一个应景的俏皮话，它还是一个更广泛逻辑的一部分，通过其分离的各部分可以重组这一逻辑：因为民主并不是一首民有民治的田园诗，而是一种渴望满足狂热欲求的混乱，所以它可以甚至必须由外部的某种超级强权以武力引入，这强权不仅意味某个拥有超强军力的国家，还泛指能控制民主无序的力量。

为这些遍及全球的致力于播撒民主的远征所做的注解使我们回想起老一辈的观点（远非那种胜利的腔调），即认为民主的扩张是不可阻挡的。实际上，他们只是转述了三十年前三边委员会提出的观点，强调了后来所谓的民主的危机。[1]

先不管那些以人民自主权的名义表示反对的理想主义者们怎么说，民主确实在美军到来后开始流行。三十年前，上述的报告指责了同一类理想主义者，即那些"价值观导向型"的知识分子，他们提倡一种对抗的文化以及过度的民主活力，这是作为务实的

---

[1] Michel Crozier, Samuel P. Huntington, Joji Watanuki, *The Crisis of Democracy: Report on the Governability of Democracies to the Trilateral Commission*, New York University Press, 1975。三边委员会成立于 1973 年，是由来自美国、西欧与日本的国家政要、专家与商人所组成的智库。一般认为它阐述了未来"新世界秩序"的理念。

"政策导向型"知识分子的公共利益负责人的灾难。民主在传播，无序也随之传播。巴格达的抢匪们利用新获得的民主自由损公肥私，在他们略为野蛮的行径中，一个曾在三十年前表达了民主"危机"的主要观点被激活了：(上述)报告的撰写者说道，民主意味着政府受制于需求的不可抑制的增长，导致权威走向衰落，使个体与群体变得难以规训且不愿为共同利益做出必要的牺牲。

这些一直支持利用军事行动在全球复兴民主的观点，揭示了当今(民主)这一词语隐藏在它主流用法之下的矛盾性。在这些观点中，民主要面对两个敌人。一方面，它反对的是一个可以清晰辨别的敌人——专制政府、无限制的政府。根据时代的不同，可以归结为僭主政治、独裁专制或极权主义。但这一明显的对立却遮蔽了另一个更隐秘的对立。一个好的民主政府有能力控制一种可简称为"民主生活"的邪祟。

以下是《民主的危机》通篇所展开的论证：不是别的，而正是民主生活的强度引发了民主的危机。但这一强度及其潜在的危险还包含两个方面。一方面，"民主生活"被等同于"无政府主义"原则——这一原则肯定了人民的力量，其极端的后果是美国和其他西方国家在整个20世纪60至70年代间所经历的：在国家事务的所有领域内持续不断的对抗斗争；另一方面，对善的治理原则的破坏，对公共权威尊严的削弱，以及对专业知识和实用技能的蔑视。

如果我们可以采用亚里士多德的说法，对这种过剩的民主活

8　　力的矫正始自庇西斯屈特斯（Pisistratus）[1]，其关键在于将那活跃
于公共舞台之上的狂热活力转向其他目标，驱使它去追求物质繁
荣、个人幸福与人脉关系。唉！这一正确的方案立刻就揭示了它
不利的一面：削弱过剩的政治能量，激发对个人幸福与社会关系
的追求，这同时也意味着激发一种有活力的私人生活与社会交往
形式，它将导致期望值的高企与需求的不断攀升。而这些必然会
反过来产生一种双面效应：他们让公民对公共利益漠不关心，同
时也削弱了政府的权威性，迫使其全力回应社会不断攀升的需求。

　　因此，应对民主活力要采用一种双重约束的形式，一言以蔽
之：民主生活，或者意味着大量的人普遍参与公共事物的讨论，
这不是好事；或者它代表了一种将能量投入到个人满足的社会生
活形式，这也不是好事。因此，好的民主必须是治理形式与社会
生活能够控制住这种双重过度，即过度的集体活力和个体过度地
退回到内向的民主生活中。

　　以下是专家们所描述的民主悖论的标准形式：作为一种生活
的社会与政治形式，民主就是"无节制"的统治。这无节制意味着
民主政府的破产，因而必须压制。这一不可能完成的任务曾激起
宪法艺术家们的聪明才智。但这一技艺在今日已不再是什么高不
可攀的思想。没有它，政府也能运转良好。对政府来说，民主的"不

1　Aristotle, *the Constitution of Athens*, ch. XVI.

可管理"就已经充分证明了民主不得不被管理，这就是他们投入到
制约民主中的心血所需的全部合法性。政府的经验主义很难让除
其之外的其他人信服。知识分子们另有所求，特别是大西洋的这
一边，尤其是在法国，知识分子与权力近在咫尺，却又被排除在
权力运作之外。对他们而言，这一经验性的矛盾不可能靠政府拆
东补西的伎俩解决。他们将其视为某种原罪的后果，亦即文明最
核心的部分中存在着某些扭曲，于是他们就全身心地致力于追溯
这些扭曲的原则。所以对他们来说，目标就是要抛开那个模糊的
名字，使得"民主"不再是那种（既是邪恶，又是治疗邪恶的、善的）
大而不当的词，而只给民主留下一个腐化我们所有人的恶名。

　　当美军致力于在伊拉克扩张民主时，一本书在法国出版了，
这本书从一个完全不同的角度对中东的民主提出了质疑。在这本
名为《民主欧洲的罪恶倾向》（*Les Penchants criminels de l'Europe
démocratique*）的书中，作者让 - 克劳德·米尔纳[1]用一种精微简练
的分析，得出了一个简单而又激进的观点。当前欧洲民主的罪恶
就是它呼吁中东的和平，易言之，为巴以冲突寻求一种和平的解
决方案。这一和平只意味着一件事——以色列的毁灭。欧洲民主
国家敦促冲突各方以和平的方式解决以色列问题。然而，欧洲的
民主和平本身完全就是灭绝欧洲犹太人的结果。欧洲在 1945 年

　　1　让 - 克劳德·米尔纳（Jean-Claude Milner, 1941—　），语言学家、哲学家及评论
家。——译者注

实现的和平民主的统一可能都要归功于一个原因：即纳粹的犹太人种族灭绝计划成功了，整个欧洲发现自己摆脱了一直以来妨碍他们实现梦想的一群人——犹太人。一个无国界的欧洲实际上意味着政治的消解，是把对有限总体的关切投入与其相对的以无限为原则的社会中去。现代民主意味着以现代社会特有的无限性法则打破政治的边界。现代民主可以同时跨越所有界线，这要归功于那个既服务于它又为其证明的现代最杰出的发明：科技。它将欲求推向顶峰，并以基因操纵与人工授精的方式打破了有性生殖与亲属关系的终极法则。欧洲的民主就是这样一种裹挟着欲求的社会模式。照米尔纳的说法，为了达到它的目标，它必须摆脱那些以血缘与遗传为自身生存原则的人，这些人名叫犹太人。而这正是大屠杀带给欧洲的，米尔纳说道，要感谢那个和民主社会的原则同根同源的发明，即毒气室这一科技发明。他断定民主欧洲是产生于对犹太人的种族灭绝，它为了满足自己的欲求而要求这个犹太人国家（以色列）接受他们不愿接受的和平条件，而接受这些条件就意味着犹太人的灭亡。有很多方式来审视这一观点，我们可以用常识的理性与历史的准确性来反驳这一激进观点，例如你可以质疑，事情是否真的如此简单，完全无须诉诸某种理性策略或某种有如神助的历史目的论，就能认定这种纳粹体制即欧洲民主胜利的动因。相对的，我们还可以通过考察作者的思想核心去分析它的内在一致性，这就要依靠拉康的象征域、想象域和实在域这三组关系的理论。[1] 而我将选择第三种方式：既不根据这一观点相对于常识的夸张性去探究其内核，也不考察作者思想的概念框架的一致性，而是从这一独特视角——即能促使我们重建共同愿景，让我们考察这二十年间民主一词在知识界的主流意见中的错位——出发去考察这一观点。

米尔纳在书中通过两个关联性的论点概括了这一错位：他首先将犹太人这一名称与民主从根本上对立起来；其次，将这一对立转化为对两种人的划分：一种人是血缘关系原则的忠实信徒，另一种人则在追求繁殖（self-generation）理想的过程中遗忘了那个（血缘关系）原则，而这无异于自我毁灭。犹太人与民主是根本对立的，这一论点标志着在六天战争[2]和西奈半岛战争[3]期间形成的主流民主共识出现了颠覆性的转变。在当时，以色列因其民主而广受称赞。它被视为一个国家治理社会的典范，即国家保证个体自由的同时，还保证最大多数人能够参与到公共生活中来。《人权宣言》被看作集中体现了集体与个人自由保障之间微妙平衡的宪章。在当时，民主的对立面是极权主义。在主流话语中极权主义国家是指以集体权力的名义拒斥个人权利与集体表达的宪法形式，即拒斥自由选举以及言论和结社自由。极权主义一词专指那

---

1 此处应参阅米尔纳的主要著作：*Les Noms indistincts*, Seuil, 1983。
2 六天战争：第三次中东战争，以色列称六日战争，阿拉伯国家称六月战争。——编者注
3 西奈半岛战争：第二次中东战争。——编者注

种对以上两方面都予以拒斥的原则。而极权主义国家是这样一种
国家——压制国家与社会之间的二元性，不断将自身的运作领域
扩展至整个集体生活中去。纳粹主义被看作极权主义的范式，都
是建立在某种声称可以跨越国家与社会之间的任何界限的观念之
上，这一界限或指种族间的，或指阶级间的。于是，纳粹国家就如
其自身所宣称的那样，被认为是一个建立在种族之上的国家。因
此，对犹太人的种族灭绝就被看作纳粹国家所宣称的目标的实现，
即清除那些被看作堕落退化的种族。

　　《对民主之恨》第一章从胜利的民主到罪恶的民主米尔纳的书
打算完全颠覆这一曾占统治地位的信念。至此，以色列的优点就
是它代表了民主原则的对立面，极权主义的概念、纳粹体制及其
各种政治形式都再无用武之地。道理非常简单：之前被归于极权
主义的特征直接成为了民主主义的特征，前者被认为是国家吞噬
社会，后者被认为是社会吞噬国家。即便是不怎么关心民主传播
的希特勒，也被看作民主扩张的天生代理人。这是因为今日的反
民主情绪与民主的对立，正如昨日狂热的"自由主义民主"与极
权主义的对立，是一回事：同一事物的一体两面。仅在不久前还
遭拒斥的封闭的总体国家原则现在又被当作无限制的社会原则
而加以拒斥。这个被称作民主的原则已经变成了一个被视为历
史与全球整体的现代性的吞噬原则，只有犹太人的名字站在了这
原则的对立面，他们维持了传统。美国那位提出"民主的危机"

（更恰当的说法应该是"文明的冲突"）的思想家[1]可能依旧会反对西方的基督教民主与伊斯兰教有着同样的专制源头。[2]至于法国那位提出民主之罪的思想家[3]他主张一种更激进的文明间的战争视角，将民主、基督教和伊斯兰教合并到一起反对那个唯一的异族——犹太人。

　　然后，通过第一步的分析，我们可以界定这一新的反民主话语所秉承的原则。它在回溯民主的图景时将不久前还属于极权主义的特征都融入到了民主之中。对民主图景的描绘暗含了一种歪曲的过程，就好比为冷战而打造的极权主义概念已经失去了它的功能，这一概念可以被拆解，而其拆解的各部分又被重组为一幅民主的图景，亦即极权主义的反面。我们可以重构这一拆解和重装过程的各步骤。这一过程始于20世纪80年代，第一步是质疑以上两种概念的对立。这一步骤主要是通过对民主革命的遗产进行重新思考而展开。弗朗索瓦·傅勒[4]在1978年出版了他的著作《思考法国大革命》（ *Interpreting the French Revolution* ），这本书

　　1　指亨廷顿（Samuel Huntington, 1927—2008），美国政治学家，前述《民主的危机》报告的撰写者之一。——译者注

　　2　参阅Samuel P.Huntington, *The Clash of Civilizations and the Remaking of World Order*, Simon and Schuster, 1996。

　　3　米歇尔·克罗齐（Michel Crozier, 1922— ），《民主的危机》报告的撰写者之一。——译者注

　　4　弗朗索瓦·傅勒（François Furet, 1927—1997），法国著名历史学家、思想家，被国际学界称为"法国大革命史研究的领军人物"。——译者注

所扮演的角色常为人所强调，但他所提出的双重倾向却鲜为人知。通过将恐怖再次置于民主革命的心脏，在最明显的层面上，就等于打破了过去占主导地位的极权主义与民主的对立。傅勒告诉我们，极权主义与民主并非真的势不两立。（民主）革命的恐怖统治早已预示了斯大林主义的恐怖统治。更进一步说，革命的恐怖从未使法国大革命脱轨，这一恐怖与其谋划是一致的——它是民主革命最基本的必需品。

14

从法国大革命的恐怖推演出斯大林式的恐怖并不算稀奇。这一分析早已出现在自由主义议会民主与激进平等主义民主之间的经典对立中，激进平等主义民主主张牺牲个体权利，并将其奉献于集体信仰与群氓的盲目激情。因此，看来要再度批判恐怖主义，就必须为实际的自由主义民主构想一个新的基础，并最终将其从那个集体结构的想象中释放出来。

但这种简单的解读忽略了这一步骤的双重倾向，这是由于对恐怖的批判立足于一种双重基础。自由主义的批评众所周知，它指责极权主义将绝对的平等置于个人自由和议会代表所构成的明智的共和制度之前，这批判一开始就从属于一种完全不同的批判，即革命的罪恶并不在于集体主义，正相反，这罪恶是出自革命的个人主义。从这一观点出发，法国大革命的恐怖主义并不拒绝承认个体权利，它反倒是一种神话了个人权利的恐怖主义。这一观点由法国大革命之后的反革命理论家提出，又经由19世纪前半段的乌托邦社会主义者所继承，最后在19世纪末期被年轻的社会学家所神化，最初的解读可表述如下：法国大革命是启蒙思想及其首要原则造成的结果——"新教"教义把对孤立个体的评价提升至结构与集体信仰的水平。它粉碎了君主、贵族与教会多年来缓慢编织出的古老团结，新教革命消解了社会联结，并将个体原子化。恐怖是这一消解以及重建意志（will to recreate）所酿造的严酷后果，这重建意志试图通过操纵制度与法律重新建构出只有自然的与历史的团结才能编织出的联结。

　　这一教条在傅勒的书中再一次得到肯定。他认为法国大革命的恐怖与大革命本身是同构的，因为革命的戏剧完全是建立在一种对（使其成为可能的）深刻的历史事实的无知之上，它忽视了真正的革命，制度与道德价值观的革命已经在社会的深层、在帝国的每一个齿轮上发生了。自此，法国大革命就不过是一种想要脱胎换骨的幻想。在某种意义上，革命业已完成。革命只不过是利用恐怖的手段力求赋予那个破灭的社会以想象的身体。作为证明，傅勒的解读援引了克劳德·勒弗特[1]所设定的命题，即民主是一种无实体的力量。[2]同时他又进一步援引了支撑这一论证的材料，即奥古斯丁·科钦[3]对思想社（sociétés de pensée）在法国大革命起源

15

1　克劳德·勒弗特（Claude Lefort，1924—2010），法国哲学家，自由派社会主义者。——译者注
2　参阅Claude Lefort, *The Democratic Invention: the Limits of Totalitarian Domination*, Johns Hopkins University Press, 2000 [1981]。
3　奥古斯丁·科钦（Augustin Cochin，1876—1916），法国历史学家，法国大革命研究专家。科钦在第一次世界大战期间被杀，大部分作品在他死后才得以出版。——译者注

中所扮演角色的抨击。勒弗特强调，奥古斯丁·科钦不仅是法兰西运动[1]坚定的保皇派支持者，他还深受涂尔干的社会学的熏陶。他的确是批判"个人主义"革命的真正的继承者，这一批判由反革命派传递给"自由主义"思想，之后又由共和主义的社会学所承续，这一批判构成了对革命的"极权主义"批判的真正基础。法国知识分子自 20 世纪 80 年代以来所表述的自由主义是一种带有双重倾向的学说。在对启蒙运动、自由主义民主的英美传统和人权表示尊崇的背后，我们仍可洞悉一种非常法国式的批驳，即对撕裂了社会机体的个人主义革命的批驳。

16

这种对革命的批判的双重倾向可以帮助我们理解当代反民主主义的形成。它可以帮助我们理解紧随苏联帝国的瓦解而发生的民主话语的倒置。一方面，这一帝国的崩塌，短期内被认为是民主对极权主义的胜利而备受好评，这是个人自由对国家压迫的胜利，是苏联的政治异见者与波兰工人一直以来所追求的人权的象征。

这些"形式上"的权利本身就是马克思主义的批判目标，所以建立在推进"真正的民主"这一诉求之上的政治制度的垮台仿佛是"形式民主"的复仇。在义不容辞地对获胜的人权和重被发现的

---

1 法兰西运动（The Action Française），发起于 1898 年，主张将国家视为血缘与土地联结而成的有机整体，是一场拥护法国君主制的运动，也是法国极右民族主义运动的重要组成部分。——译者注

民主表示赞扬之后，事情完全走向了反面。一旦极权主义的概念不再有用，主张人权与个人权利的好民主与集体主义和平等主义的坏民主之间的对立也随之消散。对人权的批判再度出现。一些人以汉娜·阿伦特的方式来解读这一批判：人权是一种幻象，因为他们是无权利的裸人（bare humanity）的权利。

　　这些权利是那些被逐出家国、被独裁政体剥夺了公民身份的人的幻觉中的权利。众所周知，这一观点最近有卷土重来之势。一方面，它恰好可以再度用来支持那些国家间的解放战争和人道主义战争，它代表了军事与武力的民主，预设了保护那些无权者权利的责任。另一方面，吉奥乔·阿甘本[1]的观点也受其启发，他认为"异常状态"才是民主的真正内涵。[2]但这一批评也可以用某种马克思主义的方式进行解读，苏联帝国的崩塌与西方解放运动的式微，都再一次使得所有的意图和目的都成为可能：人权即资产阶级社会的自私个体的权利。最关键的事情是要了解这些个体到底是谁。对马克思来说，他们是生产资料的所有者，亦即将人权国家当作工具的统治阶级。当代智慧对此看法与马克思大相径庭。事实上，要赋予自私个体以完全不同的面目还需要一系列微

17

　　1　吉奥乔·阿甘本（Giorgio Agamben，1942— ），意大利政治哲学家、思想家。——译者注

　　2　参阅 Giorgio Agamben, *Homo Sacer: Sovereign Power and Bare Life*, trans. Daniel Heller-Roazen, Stanford University Press, 1998 以及 J. Ranclere,"Who Is the Subject of the Rights of Man?", *South Atlantic Quarterly*, 103,2/3, Spring/Summer, 2004。

这应该是很难否认的。然后，我们假设贪婪的消费者是某种社会历史类型的"民主的人"（democratic man）。最后，我们不要忘了民主是一种平等的政体。如此，我们就可以得出结论：自私个体不是别人，就是那些民主社会中的男人和女人，而商品关系和象征性的人权的普遍化，基本上就不外乎于对狂热的平等需求的满足，这需求致使民主个体热血沸腾，进而浇灭了对国家内在的共同利益的追求。例如，让我们听听这些描述我们所陷入的悲惨处境的论调吧，这一处境被作者称为天赋的民主：

> 医生与病人，律师与客户，牧师与教区居民，教授与学生，还有社工与"受资助"的市民，以上这些关系都不断地变为一种平等个体间（或平等的各方）的契约关系模式。也就是说，变成了一种服务提供者与他的客户之间的完全平等的关系模式。同质的民主人（Homo democraticus）在面对别人的专业能力时变得毫无耐心，无论这专业能力是医生的还是律师的。专业能力对他的自主权提出了质疑。他所维持的与他人之间的各种关系失去了其政治或形而上的视野。在此意义上，所有的专业实践都趋向于琐碎。医生逐渐变成社会医疗保障系统的雇员；牧师变成社工与圣餐的提供者……这是因为那个神圣的领域——由宗教信仰、生存与死亡的处境、人道主义与政治价值观支撑起的领域——萎缩了。那些为集体价值观打造婉转谦逊的外形，

进而建立集体价值观的职业，也因（宗教的或政治的）集体
超越性的没落而被波及。[1]

　　这一段冗长的抱怨旨在描述这样一个世界的状态，在其中，
民主人拥有各种不同的面孔：一个冷漠的医疗或圣餐的消费者，
一个想从福利国家中得到更多好处的贸易工会会员，一个需要别
人承认其身份的少数族裔代表，一个想争取更多分配份额的女性
主义者，一个认为学校就像超市、客户就是上帝的学生。但很明
显，这些描述我们时代（超级市场和真人秀式的）日常世界状态
的论调只是在老调重弹。这些对 2002 年日常生活的"描述"在
一百五十年前的《共产党宣言》中就已提及：

　　　　（资产阶级）把宗教虔诚、骑士热忱、小市民伤感这些情
　　感的神圣发作，淹没在利己主义打算的冰水之中。它把人
　　的尊严变成了交换价值，用一种没有良心的贸易自由代替
　　了无数特许的自由。……资产阶级抹去了一切向来受人尊
　　崇和令人敬畏的职业的神圣光环。它把医生、律师、教士、
　　诗人和学者变成了它出钱招雇的雇佣劳动者。

19

1　参阅 Dominique Schnapper, *Providential Democracy: an Essay on Contemporary Equality*,
trans. John Taylor, Transaction, 2006 [2002], p. 124。

现象的描述都是一样的。当代社会学的贡献不在于新的事实，而是新的解释。当代社会学声称这些事实的根源只有一个：民主人对每一种关系都缺少耐心，都用同一个模式来套用，亦即"服务提供者与他（她）的客户之间完全平等的契约关系"[1]。《共产党宣言》的原始文本是这样写的：资产阶级"用一种没有良心的贸易自由代替了无数特许的自由"。它所知的唯一平等就是商业平等，这种平等是基于残忍而无耻的剥削，是劳动服务的"提供方"与购买劳动力的"客户"之间根本上的不平等。经当代社会学修改过的文本将"资产阶级"替换成了另一个主体，即民主人。从这一观点出发就有可能将剥削统治转换成平等的统治，且无须多费周章就能将民主的平等等同于市场服务的"平等交换"。马克思的文本，经过修改和调整，可以变为这样一句话：人权的平等代表了剥削关系的平等，也相当于实现了民主人梦中的理想。

对民主之"罪"的指责是基于这样一个等式：民主 = 无限 = 社会。这一等式预设了一个三步走的策略：首先强行将民主降格为一种社会形式；然后，将这一社会形式等同于平等个体的统治，这一目的是通过将各种不同性质（的现象）全部归入后者而实现的，这些现象从大众的消费到某些少数族裔的权利诉求，还有工

20

1　参阅 Dominique Schnapper, *Providential Democracy: An Essay on Contemporary Equality*, trans. John Taylor, Transaction, 2006 [2002], p. 124。

会斗争等应有尽有；最后，再控诉"大众的个人主义社会"，如此一来，这一社会和民主之间就画上了等号，而民主对无限增长的渴求就内在于资本主义经济的逻辑之中了。

将政治学、社会学、经济学都压到同一平面的主张，通常被认为是追随了托克维尔关于民主是"身份的平等"这一观念。但这一主张本身预设了一个对《美国的民主》过于简单的解读。托克维尔所说的"身份的平等"是指划分成各种秩序的古代社会的终结，而不是指那种向往更多消费的个人的统治。对托克维尔来说，民主的问题首先是要找到适于规范这一新结构的制度形式。为了将托克维尔转变成民主暴政的预言家和消费社会的思想家，他那两本大部头著作就必须被简化为第二本书中提醒新专制风险的两三段话。除此之外，我们还要忘掉托克维尔最害怕的是那个将国家掌控于自己手中的独裁者（他可以将绝对的权威凌驾于非政治化的大众之上），而不是我们今天耳熟能详的民主意见的暴政。把托克维尔的民主观点简化为一种对消费社会的批评可能要通过某些特别的解读和转述才能形成一条路径。[1] 无论如何，这一简化首先是一个更大的抹除民主政治性过程的结果，这一过程是依靠社会学的描述与哲学判断之间井然有序的交流而实现的。

21

---

[1] 通过各种各样的时常被扭曲地指向当代新托克维尔主义的路径，特别是通过传统守旧者的转化，对托克维尔的天主教式的解读已经转变为一种"消费社会"的后现代社会学。参见 Serge Audier, *Tocqueville Retrouvé:genèse et enjeux du renouveau tocquevillien Français.* Vrin, 2004。

世纪 80 年代见证了某类社会学著作的发展，这些著作通常出自哲学家笔下，主要是称赞民主社会及国家与新消费模式及个人行为之间的结盟，吉尔·利伯维茨基[1]所有的著作和文章都契合了这一观点。彼时正是大西洋彼岸的悲观论调开始传遍法国之时，这些悲观论调的始作俑者包括那些三边委员会报告的作者们，以及像克里斯托弗·拉希[2]和丹尼尔·贝尔[3]这样的社会学家。贝尔对经济、政治与文化这三个领域的划分提出了质疑。随着大众消费的发展，这些领域已经逐渐受控于一个最高价值——"自我实现"。这种享乐主义意味着清教徒传统的崩溃，而这一传统曾同时支援了资本主义工业的起飞和政治平等的实现。这种贪得无厌的欲求从某种文化中散发出来，而这一文化与那种为民主国家的共同利益而做出必要牺牲的观念完全背道而驰。[4]而今，利伯维茨基与其他人都致力于反对这种悲观主义。他们认为没有必要害怕那种基于个人享乐的大众消费与基于共同规范之上的民主制度之间的分歧。正相反，消费者自恋情绪的增长将个人满足与集体规范完

---

1 吉尔·利伯维茨基（Gilles Lipovetsky, 1944— ），法国哲学家，作家与社会学家。——译者注

2 克里斯托弗·拉希（Christopher Lasch, 1932—1994），美国历史学家，伦理学家，评论家。——译者注

3 丹尼尔·贝尔（Daniel Bell, 1919—2011），美国社会学家，作家。——译者注

4 参阅Daniel Bell, *The Cultural Contradictions of Capitalism*, Harper Collins,1976。必须说明的是，丹尼尔·贝尔的相关观点依旧是提倡清教徒价值的回归与对社会正义的关注相结合，但这些东西在那些重提其问题的法国人那里完全消失了。

美地糅合到了一起。结果，个人与民主之间反而形成了一种更加紧密而实在的承诺关系，二者间的关系不再被认作一种约束性的制度形式，而是"一种第二天性、一种环境、一种氛围"。利伯维茨基写道：

22

> 自恋情绪越增长，民主就越具合法性，只要这类集合了多党制、选举制与信息自由的民主政治模式与那种集合了个性化自助服务、买前先试与组合自由的社会建立起日益亲密的联系……这就是一种个人全身心投入他们生活的私人领域中的状态，而这一私人领域将维持其与（通过个人化的过程编织而成的）社会的民主功能之间的附属关系。[1]

无论如何，要为"民主的个人主义"恢复名誉并反击源自美国的批评，实际上就意味着一种双重操作。一方面，它意味着要埋葬早期对消费社会的批判，即诸如 J. K. 加尔布雷思[2] 和大卫·理斯曼[3] 在 20 世纪 60 至 70 年代对"丰饶时代"的悲观与批判论调，这

1　Gilles Lipovetsky, *L'Ère du vide: essais sur l'individualisme contemporain*, Gallimard, 1983, pp. 145-146.

2　约翰·肯尼斯·加尔布雷思（John Kenneth Galbraith, 1908—2006），凯恩斯主义经济学家，著有《富裕社会》等。——译者注

3　大卫·理斯曼（David Riseman, 1909—2002），美国社会学家、教育家。——译者注

一论调被让·鲍德里亚 [1] 以马克思主义的形式推向了极致。鲍德里亚批判了那种彻底屈服于市场指令的"个人化"幻象，他把消费主义看作一种带着"缺席的民主与不存在的平等"的面具的虚伪承诺。[2] 自恋的消费主义新社会学消解了象征性平等与缺席的平等之间的对立。它特别强调鲍德里亚所提出的"个人化的过程"实乃一诱饵。通过将过去疏离的消费者转换成一种无拘无束的、悠游于市场空间的对象与符号之间的自恋者，新社会学顺利地在民主与消费主义之间划上了等号。结果，它沾沾自喜地为这种"修复了"的民主引来了更激进的批评。要否认大众的个人主义与民主政府之间的不协调，就意味着一种更深刻罪恶的展现。这意味着直接承认民主只不过是自恋的消费者通过自己不断改变的选票及其个人喜好而进行的统治。面对这些快乐的后现代社会学家，老成持重的古典派哲学家们做出了回应。他们提醒我们政治学在古人那里是被定义为一种共同生活的技艺以及对公共善的追求，这一技艺和追求的最首要原则就是在公共事务领域与（私生活与家庭利益支配下的）个人事务之间做出明确的区分。因而，哲学家们认为快乐的后现代民主所描绘的"社会学的"图景标志着政治的破灭，政治由此已屈服于一种由消费主义个体的独特法则所治理

1　让·鲍德里亚（Jean Baudrillard，1929—2007），法国社会学家、哲学家、文化理论家、政治评论家与摄影家。——译者注

2　Jean Baudrillard, *The Consumer Society: Myths and Structures*, trans.Chris Turner, Sage,1998 [1970], p.50.

的社会形式。要反对这一观点，就有必要回溯至亚里士多德、汉娜·阿伦特与列奥·施特劳斯[1]的观点，即政治的明确义涵要从民主消费者的侵蚀中解脱出来。在实践中，这种消费个人很自然地就被等同于雇工，他们自私得只顾捍卫自己那点原始的特权。我们肯定能回想起在1995年秋天法国工人的罢工示威期间所涌现的海量文章，这些文章试图在这些享受特权的个体中唤起共同生活的意识，重建被他们的自私自利所玷污的公共生活本应有的荣耀。[2] 不过相较于这些间接的批评，民主人与个体消费者之间的身份同一性已经牢不可破了。后现代社会学家与古典哲学家之间的论争，通过一份讽刺性的杂志《辩论》(Le Débat)，以二重唱的形式在今日更加促成了对这一身份同一性的认定。他们是同一硬币的两面，是同一等式的反向解读。

这就是将民主降格为一种社会形态的第一步操作。现在我们进入第二步操作，即不仅仅把民主定义为某种过度侵犯政治领域的社会形态，还要将其转化并定义为某种人类学的灾难——人的自毁。这第二步是通过另一种在哲学与社会学之间的良序互动完

24

1　列奥·施特劳斯（Leo Strauss, 1899—1973），美国政治哲学家，研究范围横跨古希腊、中世纪与现代政治哲学。——译者注

2　1995年，法国政府采取了一系列措施旨在使法国融入国际金融体系并建立美国式的养老体制，此后的罢工运动是工人对政府政策的回应。而作为对此次运动的回应，*Esprit* 杂志的编辑们在《世界报》上发表了一篇陈情书，以此支持政府的计划，并指责工人们只顾社团利益，罔顾社会公益。——译者注

成的，这一良序互动并非以和平的方式展开，但却得出了相同的
结果。

　　这一互动起始于教育领域的论战。论战最初是围绕学生学业
不达标的问题而展开的，更确切地说，是教育机构不能给来自较
低阶层的孩子提供与其他孩子同等的机会。因此，论战最终聚焦
于学校教育有多平等，或者应该如何理解学校教育所制定的目标。
所谓的社会学观点认同布迪厄[1]与帕斯隆[2]的著作，强调隐藏在当
前社会知识传播的中立性背后的社会不平等。他们主张将学校
教育从它所占据的社会堡垒中移出，以使教育变得更为平等。具
体的做法是改变社会教育的模式，让教育内容更适于那些最缺乏
（某种）文化背景的学生。而所谓的共和主义观点则采取了完全不
同的方针，他们认为将学校教育贴近社会就意味着学校教育会变
得与社会的不平等更加同构。所以学校教育只能在某个范围内实
现平等，即只能在把学校与社会其余部分隔离的那堵防护墙内实
现这一平等。学校教育自有其特殊的任务：平等地给所有人提供
教育，不考虑他们的出身背景与社会目标，将普遍性的知识以一
种必要的不平等的关系形式（一个教，一个学）用于学校教育的平
等目标的实现。这种着重强调学校教育使命的强制性观点，历史

———————————

1　皮埃尔·布迪厄（Pierre Bourdieu，1930—2002），法国社会学家、人类学家、哲学家。——译
者注
2　让－克劳德·帕斯隆（Jean-Claude Passeron），法国社会学家，曾与布迪厄合著《再生
产》。——译者注

性地体现于朱尔·费里[1]的共和主义学校教育的观点之中。

　　这场辩论的焦点因而就集中在不平等的形式与实现平等的方针之上。不过辩论的话语却非常含混不明。这一趋势的标志性著作——让-克劳德·米尔纳的《学校》(De l'École)就证明了这一含混性。米尔纳在书中的观点如其所述在当时显得非常与众不同。他极少关心平等的普遍性问题，他更关心的是知识、自由与精英之间的关系。而且在一个比朱尔·费里更广阔的维度上，他追随了勒南[2]的脚步及其观点——精英专家在一个国家所担保的自由受到了来自天主教会的专制威胁。[3]共和主义与"社会学"这两种学说间的对立，实际上是一种社会学与另一种社会学的对立。而"共和的精英主义"这一概念就足以掩饰这种含混性了。这一理论的硬核隐藏在共和的普遍性与社会不平等及其特殊性之间的简单区分之上。这场辩论似乎本应是关于公共权威能够或应该以怎样的方式矫正社会不平等。但不久之后视角就回归了正轨，而环境氛围也被修正。在一片控诉超市价值观冲击下不可抑制的价值虚

26

1　朱尔·费里（Jules Ferry, 1832—1893），法国政治家。曾在法兰西第三共和国初期担任巴黎市长和法国总理。——译者注

2　欧内斯特·勒南（Ernest Renan, 1823—1892），法国西亚古代语言专家、哲学家与作家。研究领域涉及早期基督教史与政治理论。——译者注

3　勒南的观点都集于 La Réforme inlellectuelle et morale,oeuvres complètes, vol. I, Calmann Lévy, 1947, pp. 325-546。勒南著作中的观点都与一种明显的对中世纪天主教人民的怀念紧密相关，他的作品与信仰都是为教会的伟大著作服务，这并不矛盾。事实上精英们就是新教徒，也就是被启蒙的个体，而信奉"天主教"的人民就是更为团结一致的，信仰多于知识的那些人。从基佐（Guizot）到泰纳和勒南，这就是 19 世纪精英们的思想内核。

无兴起的人群的洪流中，罪恶的根源最终得以确认，它理所当然就是"民主的个人主义"。自此，共和国学校教育所面对的敌人就不再是那些亟待援助的学生们所处的不平等的社会，而成了学生本人，他们是民主人的优秀代表，是不成熟且陶醉于平等中的年轻消费者，而他们的宣言就是人权。学校教育，很快就会被认定是受到了那个唯一的邪祟的严重侵蚀，这一邪祟就体现在那个不得不被传授的存在之中：平等。而与教授的权威一同被破坏了的，不是知识的普遍性，而正是那种可被理解为某种具有"超越性"的不平等：

> 任何类型的超越性都不再有任何地位，个人被拔升为一种绝对的价值，如果还有任何神圣的东西留存下来，那仍然是烙下了民主与人权印迹的个人荣耀……因此教授的权威就是这样被破坏的：随着平等的增长，教师就成为仅仅服务于用户的普通工作者，并且他还发现自己被迫与他的学生以对等的方式讨论问题，而这些学生最终将自己摆放到了可以评判他们老师的位置上。[1]

共和国的教师，平等地对待所有幼小心灵的普遍性知识的传

1　参阅 Jean-Louis Thiriet, "L'École malade de l'égalité", *Le Débat*, no. 92, Nov/Dec, 1996。

播者，简直成了在幼稚者的广泛统治下不断消失的成年人的典型；教师成了文明最后的见证者，徒劳地以自身"精微"而"复杂"的思想反抗那注定要被年轻人的恐怖统治毁灭掉的世界中的那堵"密不透风"的墙。他成了这场文明之巨大灾难的清醒观众，这场灾难的同义词是消费主义、平等、民主以及幼稚。站在他身前的是"那些拒斥康德与柏拉图而只想表达自己意见的朋克青年"，亦即那些无可救药地沉醉于消费的民主旋涡之中的人的典型，他们是文化终结的证明（如果不是所有文化的话），是"高级百货商场式生活方式"的证明，是"将世界变成地中海俱乐部"[1]的证明，是"把生活一股脑地投入到消费中去"的证明。讨论那些无休止的文章细节是没有意义的，这些文章在一段时间里周而复始地警告我们"批发民主"和"博爱之毒"的新表现形式[2]：学生们的咆哮证实了用户式平等的毁灭性影响；这是年轻而无知的"挥霍着青春"的"另类全球化主义者"的演出[3]；电视真人秀节目给我们提供了一个希特勒做梦都想不到的极权主义范例。[4]而一个年轻女人仅因为她的受害妄想就完美地编造了一出种族袭击事件，这本身就"与民

27

1　地中海俱乐部（Club-Med）是一家在法国注册的国际度假酒店集团，世界最著名的旅游度假机构之一，在全球 100 多个国家的著名旅游景点都设有连锁店。——译者注

2　Finkielkraut, *L'Imparfait du présent*, p. 164.

3　Ibid., p. 200.

4　参阅 Jean-acques Delfour, "Loft Story: une machine totalitaire", Le Monde,19 May, 2001。——译者注

主的个人主义的发展密不可分"[1]。这些针对"捣毁了所有思想和文化的民主"的不间断的谴责，不仅有利于证明与其相对的思想有多么高不可攀，也有利于证明与其相对的文化以及那些他们大力宣传的（往往很难立即做到的）事物有多么深不可测。更深一层说，这类谴责是将所有这些现象都放置在同一个平面，而且都归结到同一个原因，使所有事物都成为"民主"的等价物。这实际上首先就是那种给所有现象找出唯一解释的方法的产物，无论这些现象是某种社会运动、某种信仰或种族冲突，是潮流的变换，还是广告或其他商业活动。这就可以解释为什么某个年轻的姑娘会以父亲的信仰为由拒绝在学校取下（伊斯兰）头巾[2]，某些学生为什么要以《古兰经》的理性反对科学理性，以及另一些学生为什么会袭击老师和犹太裔同学。从所有这些现象中，我们将发现他们的态度都可归因于民主个体的主导，他们已经脱离并完全剪除了超越性。而民主消费者的形象则是陶醉于平等意志，根据自己的心情或需要而行事的人们，他们或是占领了失业救济办公室的失业雇工，或是被拘留在机场拘留室的非法移民。所以如果在我们的理论家

1　Lucien Karpik, "Being a victim; that means finding someone to blame ",accounts collected by Cécile Prieur,Le Monde,22-23 August, 2004。我们都知道拒斥民主的暴政对于主流意见有多重要。关于这一问题，尤须参阅 Gilles William Goldnadel, *Les Martyrocrates: dérives et impostures de l'idéologie victimaire*, Plon, 2004。

2　2004 年 9 月 2 日，法国政府通过了一项有关禁止学生在公立学校佩戴具有明显宗教标志饰物的法令（俗称"头巾禁令"），其后多名穆斯林女学生由于拒绝摘除头巾而遭学校开除。——译者注

们看来那些怒火中烧的消费激情的代表就是那些消费能力最有限的人们，我们也无须感到惊讶。对"民主的个人主义"的谴责的确发挥了作用，它使得民主的个人主义符合了两个命题：资产所有者的经典命题（穷人总是想要更多），以及优雅精英的命题——有太多的个体、太多的人们要求享受个体特权。这就是知识界的主流话语与 19 世纪纳税选民 [1] 及知识精英们的共鸣之处——个性对精英来说是个好东西，但如果每个人都能得到它，那就是文明的灾难。

这是以某种人类学的方式来全面解读政治，它将政治仅仅看作一种对立：在忠实于自己的传统的成年人与梦想将这一传统引向自我毁灭的小孩子之间的对立。这一印象的改变在《民主欧洲的罪恶倾向》一书中有更为优雅的概念表述。"无限制的社会"这一主题最简洁地概括了在大量著作中出现的个体形象，它将超市的消费者、拒绝摘下头巾的年轻人和想要孩子的同性恋伴侣都归于一个名称之下，即"民主人"。最重要的是，它概括出了一种双重变异，通过这种双重变异，民主被认为既造成了不久前还被归因为极权主义的社会同质化的形式，又造成了内在于资本逻辑的自发的增长。[2] 通过这种方式，这一主题就成为了法国人重新解读

29

---

1 Censitaire，纳税选举。1814 年法国波旁王朝复辟，规定年满 30 岁且年缴税不少于 300 法郎的法国人才有选举权。——译者注

2 从这一观点出发，我们将从以下的阅读中收益：*Le Salaire de l'idéal: la théorie des classes et de la culture au xxe siècle* (Seuil, 1997)，其中米尔纳同样以马克思主义视角分析出"领薪水的中产阶级"的不幸命运与资本主义的扩张无关，这一过程要归因于民主无限性的致命发展。

民主的双重约束的最终成就的标志。双重约束的理论将好的民主治理与政治民主生活、大众个人主义的双重过度（的治理）对立起来。法国人的重新解读压抑了这类对立间的紧张。民主生活成为一种关于冷漠的商品消费者、少数族裔权利、文化工业以及试管婴儿的——无关于政治的生活。它单纯而直接地被等同于"现代社会"，这种现代社会在同样的压力下转变成一种同质性的人类学结构。如果今日最激进的民主罪恶的批评者仅在二十年前还是世俗的共和主义学校的旗手，那么这种做法就显得十分牵强。因为严格来说在关于教育的问题上，某些关键词的含义如共和、民主、平等、社会都发生了根本的变化。教育问题在昨日还是关于共和主义学校教育所特有的平等与社会不平等的关系。而今天这一问题却是关于知识传播的过程，这一过程必须从民主所导致的自毁趋势中挽救回来。昨日的争议还是有关于普遍性知识的传播及其平等主义的力量。而今日，知识的传播以及"犹太人"这一名称所代表的含义对米尔纳来说都可归简单结为出身原则、性别区分原则以及血缘关系原则。各个家庭的父亲们指令他们的孩子"学习法利赛人"[1]，以便使自己取代共和主义导师的角色——这一角色曾从社会秩序下的家族繁衍中夺走了孩子。而作为民主侵蚀的对立面的好政府，就不再需要坚持民主这个模棱两可的名称了。这

1　法利赛人（Pharisees），犹太人早期教派之一，是恪守旧约的教条主义者。——译者注

个好政府曾以"共和"之名为人所知。但"共和制"在最初并非是
由法律、人民以及人民代表所组成的治理形式。自柏拉图始,"共
和制"就是维系人类群体的繁衍并使其免受(个人利益和集体权
力所造成的)不断膨胀的欲望威胁的保证。这就是为什么好政府
采纳了另一个名称,这一名称隐而不宣地果断跨越了民主之罪的
表征:今日的好政府重新发现了那个在以前不得不给民主这一名
称让路的名称,这一名称即牧者的统治(pastoral government)。
民主的罪恶有其渊源,其渊源就在于它在那个原初的情境中遗忘
了牧者。[1]

　　不久之前这种民主之罪在《牧羊人的谋杀》[2]一书中得到了更
清晰的表述。这本书有一个不可否认的优点,它把《民主欧洲的
罪恶倾向》的作者(米尔纳)所使用的整体与全体的逻辑举例加以
阐明,同时由于受到世俗的共和主义学校教育的新拥趸的启发,
他还异乎寻常地赋予了那一"超越性"以具体的形象。他认为民主
个体的不幸是因为这些人丢失了那一基准——可以调和多样性并
将所有人都融为一体的基准。这一基准不能建立在人类习俗的基
础上,而只能肇基于神圣牧者(the divine pastor)的关怀之下,这
牧者同时照看着整个畜群以及其中的每一个成员。它通过一种民

　　1　参阅 Jean-Claude Milner, *Les Penchants criminels de l'Europe démocratique*,Verdier,
2003, p.32。我很感谢米尔纳在此书中对我的评论所做的回应。

　　2　Benny Lévy, *Le Meurtre du pasteur: critique de la vision politique du monde*, Grasset
Verdier, 2002.——译者注

主演说永远都不会具备的力量显现了自身，这是神音（the Voice）
的力量，是所有希伯来人在那火之夜中都感受到了的震撼力量，
同时，人类的牧羊人摩西被赋予了独一无二地聆听与解读那些话
语的职责，他所依从的那个声音引导他组织起自己的人民。

自此，所有事情都可由"民主人"所特有的罪恶和对两种人的
划分而得到完全的阐明———一种人信仰血缘法则，另一种人则相
反。对血缘法则的攻击首先就是对羊与其父亲以及神圣牧羊人之
间纽带的攻击[1]而代替神音的现代人，本尼·列维[2]告诉我们，他们
已将人之神（man-god）或民之王（people-king）通过像克劳德·勒
弗特那样的民主理论家以及不确定的人权拥有人而转变成了某种
虚无空间的占有者。那个代替"向摩西发出的声音"而统治我们
的是一种"已死的人之神"（dead-man-god）。虽说如此，它也只能
通过承诺给予"小小的慰藉"，并利用我们如孤儿般彷徨于虚无帝
国中的困扰来进行统治，而这也相当于民主、个人或消费的统治。[3]

1　关于羊、父亲以及神圣牧者之间的关系，福柯（Foucault）曾有过专门论述，他认为在地
中海东部地区，尤其是在希伯来人当中，神和首领对于普通人来说就是牧羊人，普通人则是
他们的羊群。而国王（或领主）是较次一级的牧羊人，亦即神的代理人。详见福柯：《安全、
领土与人口》，钱翰等译，上海：上海人民出版社，2010年，第107页。——译者注。
2　本尼·列维（Benny Lévy，1945—2003），法国哲学家、作家、政治激进主义者。1974年
至1980年间曾任保罗·萨特的助手。前述《牧羊人的谋杀》一书的作者。——译者注
3　Lévy, *Le Meurtre du pasteur*, p.313.

第二章

政治，或失落的牧羊人

于是，我们应该明白这一邪恶关乎更久远的过去。反对血统秩序的民主之罪首先是一种政治之罪，简言之，是一种与圣父（God-the-father）完全无关的人类社群组织。在民主的名义下暗示的且遭谴责的正是政治本身。政治并非伴随着现代人的无信仰而生。在现代人砍掉国王们的头以便在闲暇时可以填满他们的超市手推车之前，古人们，首先是那些已与神圣牧者断绝了联系的古希腊人，在哲学与政治的双重名义下，就已经在公开的文档中记下了这一告别仪式。本尼·列维告诉我们，在柏拉图的文本中这种"对牧羊人的谋杀"随处可见。比如在《政治家》中，柏拉图开启了一个神圣牧者自己直接治理其子民的时代。而在《法律篇》

34　的第四卷，他又引出了克洛诺斯神[1]的黄金统治，克洛诺斯知道一个人如果不狂妄自傲于不义和暴虐，他就无法支配他人。而要解决这一问题，就须从（比人类）更高级的守护神（daimones）种族中挑选人类部落的首领。而柏拉图即便顽固地反对主张权力属于人民的同代人，但他除了提出"自我照料"这个无法弥合多数（the many）与全体（the whole）之间差距的主张外，再没能提出有效的反论。最后他实际上和同代人一起告别了克洛诺斯和神圣牧者的统治，并将其逐回神话时代。但他这样做的代价却是利用另一个神话填补了现有神话的缺席，也就是那个建立在"美丽谎言"之上的"理想国"（Republic）神话：神为了保证共同体的良好秩序，将金子投入到治理者的灵魂中，将银子投入到战士的灵魂中，将铁投入到工匠的灵魂中。

　　面对神的代理人，我们要承认，政治其实是在与"牧羊人饲养其羊群"模式的对比区分中被定义的。同样，你也可以反对这一区分，坚持主张为神圣牧者或解读其神音的人类牧者对人民的统治辩护。这样做的代价是民主实际变成了"空无一物的王国"，而

　　1　克洛诺斯（Cronus）在希腊神话中是地神盖亚与天神乌拉诺斯之子，十二泰坦神的领袖，宙斯之父。他推翻了父亲乌拉诺斯的残暴统治并开启了黄金时代，不过其统治最终也为其子宙斯所推翻。在柏拉图的《法律篇》中，雅典人主张向克洛诺斯学习，用优秀的种族去统治低级种族，就像牛羊不能由他们自己管理自己，而只能委首于更高级的人类一样。中译本可参见柏拉图：《柏拉图全集·第三卷》，王晓朝译，北京：人民出版社，2003年，第472页。

这一最近的政治性分离的图景正呼唤我们转过身去，从绝望的深渊走向那被遗忘的牧者。如果情况真是如此，那讨论很快就可以结束了。但如果我们能换一种视角去看待问题，问一问将民主等同于个体消费者社会的论调最终是如何强行推断出要转向失落牧者的。此刻的目标不是发现这种政治所压制的是什么，而相反，是要着眼于此种诠释下的政治受到了怎样的压制。在这一诠释下，民主被解读成一种只有某些神祇才能将我们从中拯救出来的过度且不幸的状态。所以，让我们从另一角度审视柏拉图的文本：不是从柏拉图的《政治家》所宣称的告别牧羊人的观点去审视，而正相反，是要从坚决支持牧羊人的这一怀旧观点去审视，从牧羊人顽强地存在于《理想国》的核心这一观点去审视，在这一核心之中，以牧羊人作为参照点，善的治理与民主治理之间的对立就此形成。

35

柏拉图对民主的两点指责初见之下似乎是相互对立的，但实质上正相反，它们是紧密地相互联结在一起的。一方面，民主是一种抽象法则的治理，这与热心善意的医生或牧羊人正相对立。牧羊人和医生的德性是通过两种方式得以表现的，首先他们的学问对立于卑劣僭主的欲望，这学问在实践层面上就是为了他们所照看的（病人或羊的）利益；另外，他们的学问也与民主城邦的法律相对立，这是因为相较于后者而言，这种学问只适用于任何特例——每一只特别的羊或每一个特别的病人。而相对的，民主的法律则宣称它在所有状况下都可适用。这法律本质上就像是出海这法律的普适性只是一种欺骗性的表象。在法律的永恒之中，民主人所尊崇的并非理念的普适性，而是实现自身利益的工具。用现代话语来说，这法律会宣称，在民主宪法的全体公民之下，我们必须认清那个真正的人，亦即民主社会中的以自我为中心的个人。

36

这就将我们带到了问题的核心。柏拉图是创造那种社会学解读模式的第一人，而这一模式被我们认为是适于现代的。这一解读在政治民主的表象下挖掘出了一个相反的事实：社会状况的真相是它被私人的、以自我为中心的人所支配。因此对这种人而言，民主的法律就不过是人们自我享乐的借口，个人权利表达的唯一法则就是其不断变换的心情和快感，完全无视任何集体秩序。由此，民主一词就不再仅仅意味着一种坏的治理形式与政治生活。确切地说，它意味着一种与任何共同体的良序治理都势不两立的生活方式。柏拉图在《理想国》第八章中告诉我们，民主是一种不是政体的政体。它没有一部宪法，因为它包含所有宪法。它是一个制度的集贸市场，一套为那些将快乐与权利的消费当作最大主题的人们所钟爱的小丑行头。但它又不仅仅是那些随心所欲的个体们的统治。恰当地说，它是一种颠覆了构成人类社会的所有关系的制度，其中统治者的举止像被治理者，而被治理者的举止像治理者；女人与男人平等；父亲们习惯于平等地对待他们的儿子；外国人与移民都是平等的公民；教师害怕同时又迎合那些反过来嘲弄他的学生；年轻人和老年人一样平等，老年人模仿年轻人；就连畜牲都是自由的，马和驴意识到了它们的自由与尊严，在街上任何挡路的人都会被它们踢翻。[1]

在第三个千年的拂晓时分，审视这些罪恶，如你所见，一样不少，民主平等的胜利给我们带来了集贸市场的统治以及琳琅满目的货品、教师与学生间的平等、权威者的屈从、对年轻人和孩子以及动物的盲目崇拜。这一长串大众个人主义可悲的罪恶名单在超级市场与手机的时代里所做的，只是给（将民主视作不可驯服的驴的）柏拉图寓言增添了少许装饰品。

我们也许会觉得这很可笑，但更多的可能是惊讶。我们不是不断地被提醒说我们生活在一个技术的时代、一个现代国家的时代、一个不断蔓延的城市与全球市场的时代、一个与那些曾是民主发祥地的希腊小城邦不再有任何关系的时代吗？我们由此得出这样的结论，即民主是一种属于另一时代的政治形式，因而并不适于我们的时代，至少在没有经过认真的修改尤其是在没有彻底地抛弃人民权力的乌托邦的情况下，民主并不适用于我们。但如果民主只是一件过去的事物，那么我们该怎么理解两千五百年前民主的敌人[2]对民主村落所做的描述竟可被看作大众消费与全球网络时代的民主人的标准像这一事实？我们被告知，希腊式的民主作为一种曾经适宜的社会形式已不再和我们有任何关系。但随

1　*Republic*, VIII, 562d–563d.

2　指柏拉图，在《理想国》第八卷中论述了五种政治形式，其中民主制排在寡头制之后，只是一种稍好于僭主制的政体。——译者注

主作为一种曾经适宜的社会形式已不再和我们有任何关系。但随后又立即假定那个曾适合民主的社会与我们所处的社会有着完全相同的特征。我们该怎样理解这种极端不同与完美相似之间的矛盾关系？作为一种解释，我将给出以下假设：这个仍然适用的民主人的形象是某种运作的产物，这运作方式既是首创又可不断更新，其目的是为了回避政治的本质原则所固有的某种不合时宜。那种研究不负责任的消费者组成的人民、拥堵的街道以及颠倒的社会角色的趣味社会学回避了一个更深层邪恶的不详预感：那不可名状的民主并非一种适于最低公共标准而难以被好政府所驾驭的社会形式，而是政治的特有原则，这一原则通过将好政府建立在它（原则）自身缺席的基础之上，从而开创了政治本身。为了领会这一点，让我们拿起那份展示了民主过度的颠倒名单吧：统治者如同被统治者，年轻人如同老人，奴隶如同他们的主子，学生如同老师，动物如同它们的主人，在这里一切都理所当然地颠倒了。但这一无序是可以让人放心的。如果所有的关系都同时反转了，那似乎他们都拥有同一本性，所有这些颠倒都表现了同一种自然秩序的倒置，由此揭示了这一秩序是存在的，并且政治关系也从属于这一本性。民主人以及社会无序的有趣形象是一种将事情置入秩序中的方式，如果民主像颠倒所有其他关系一样颠倒了统治与被统治的关系，那么就说明这一对立关系确实和其他关系一样同属一类，而统治者与被统治者就需要依靠某种（如同确定父子关系或先后关系的）区分原则来加以区分，这一原则可以确保社会秩序与统治秩序之间的融贯性，因为它首先确保了人们的习俗秩序与自然秩序间的融贯性。

让我们把这一原则称作 *arkhè*[1]。正如汉娜·阿伦特所提醒我们的，在希腊语中，*arkhè* 这个词同时意指命令与起始。她从这一事实中合乎逻辑地断定，对希腊人来说，这个词意味着上述两种含义的统一。*arkhè* 是那个首先到场的启动者的命令。它是对起始行动中之发令权利的预设，也是对发令实践中的起始权力的鉴证。由此，*arkhè* 的理想就是统治的定义要依赖于对其原则的认知，通过这一原则，统治的权力才可以启动，而统治的权力又在其行动中展现其原则的合法性。那些能够拥有统治权的人，就是那些拥有某些可以使他们适于这一角色特质的人，而那些被统治者，就是那些与前者特质互补的人。民主就是在这里制造了问题，或毋宁说是揭露了问题。这问题就表现在《法律篇》第三卷里[2]的那一串名单对《理想国》中所呈现的那一串（伴随着民主人形象的）混乱的自然关系的名单所做的回应当中。我们知道每个城邦都有统治者与被统治者，即实践 *arkhè* 的人和服从其权威的人，雅典人采用了一种统计方法，以确定一个人在城邦中或家庭中占据某种

39

1　arkhè（αρχή）的希腊语原义为开始、开端，后引申为世界万物的本原、第一原则或共同基础。在朗西埃那里，arkhè 指共同体的基本原则或起始点，也是区分统治者与被统治者的原则。参见 Jacques Rancière, *Disagreement: politics and philosophy*, trans. Julie Rose, Minneapolis: University of Minnesota Press, 1999, p.13。——译者注

2　*Laws*, III, 690a-690c.

出身的差别上，那些出生较早或出身高贵者就天然地可以发令。如父母支配孩子的权力，年长者支配年轻人的权力，主人支配他们奴隶的权力，出身高贵者支配出身低贱者的权力。接下来两种资格虽也表现为自然差异，但与出身无关。首先，是因品达[1]而知名的"自然法则"，即最强者支配最弱者的权力。这一资格是必然要引起争论的：怎么定义最强者？在《高尔吉亚篇》(*Gorgias*)中，这一词语表达的含义是完全不确定的，而得出的结论是这一权力只有在其被等同于那些有识者的德性时才有意义。接下来就是第六种资格，这一权力是通过对自然法则的恰当理解而实现的，即那些有识者对无知者的权威。这些资格中的每一个都满足了两个先决条件。首先，每一个资格都定义了一种地位等级。其次，每一个资格都定义了这种等级与自然之间的融贯性：前四种资格的融贯性是通过家庭与社会关系的中介而实现的，后两种的融贯性是直接实现的。前四种资格是将城邦的秩序建立在血缘法则之上。后两种资格则声称这一秩序有一更高的原则：统治者完全不应是出生较早或出身高贵的人，而应是最优秀的人。这实际上就是政治开始之时，即当统治原则与那个始终宣称自己是自然的代表的血缘法则相分离之时，当要利用某种自然（天赋）而又不能与部落之父、神圣之父扯上关系之时。

---

1 品达（Πίνδαρος, 518 B.C.— 442 B.C.），古希腊抒情诗人，提倡竞争。——译者注

这里是政治的开始之地。但同样也是在这里，当政治试图将自己的特殊优势与出身特权分离之时，它又面对了一个奇怪的对手，一个同时占据了高级与低级地位的第七种资格，一个不是资格的资格，但雅典人告诉我们，它仍然被认为是最公正的，这一权威的资格"为天堂与好运所眷顾"，它是运气之神的选择，是抽中的签，亦即一群平等的人民决定地位分配的民主程序。

丑闻（scandal）就在于此，这丑闻就在于那些富贵之人不能接受他们的出身、年龄或学识要在运气法则前折腰；对于神的子民们来说，这丑闻则在于他们会接受我们民主主义者的身份，条件是要我们承认为此不得不杀掉某位父亲或牧羊人，由此我们也就罪无可恕，对这位父亲欠下了无法抵偿的债。可"第七种资格"告诉我们对血缘权力的破坏不需要任何牺牲或亵渎，它所需要做的全部事情只是扔一下骰子。这丑闻不过是在诸种统治资格中，有一种打破了链条，这是一种反驳自身的资格——第七种资格即资格的缺席。这是民主一词所预示的最深刻的问题。这里的问题不再是一只嚎叫的巨兽、一头自豪的驴，或者某个只为追逐享乐的个人，这些形象非常明显都是用来掩盖问题核心的手段。民主不是孩子、奴隶或动物们的突发奇想。它是神的突发奇想，是偶然性的突发奇想，是一种毁掉了自然（资格）的合法性原则的突发奇想。民主的过度与所谓的消费狂热无关。它简直是对所有基准的消解，而通过这类基准，自然本可以经由构造了社会机体的权威关系将其法则赋予共同体。这丑闻就在于统治资格和所有类似的

41

关系将其法则赋予共同体。这丑闻就在于统治资格和所有类似的规制社会关系的资格的解体，以及所有类似的人类习俗与自然秩序的分离。这个具有某种优越性的丑闻实质上正是建基于优越性的缺席。

民主首先意味着无政府主义的"政府"，这一政府不过是在所有资格都缺席了的基础上进行统治。但解决这一矛盾仍有很多办法。一个人可以排斥民主的资格，因为它与所有的统治资格都相抵触。他也可以拒绝接受运气就是民主原则，由此而将民主与抽签区分开。这正是我们现代人所做的，而专家们，如我们所看到的，他们轮番地玩弄着那些所谓的时代之间的区别与相似。然后他们说，抽签的形式适合于古代的那些经济不发达的小村落。而我们的现代社会，由那么多精微而又相互关联的齿轮所组成，怎么能交由抽签所选出的对这些精巧的均衡的学问一无所知的个体们来统治呢？我们已经为民主找到了更适宜的原则和方法——从独立自主的人民中选出成员作为代表，在两种精英间形成一种共生互利的关系，这两种精英即人民选出的代表精英，以及在我们的学院中接受过各种关于社会运作机制之教育的精英。

时代与规模的差异还不是问题的核心。[1]如果与我们的"民主"

---

1 这情况已被证明了，在社会党治下，它要求大学选举委员会的成员要经过投票选拔，没有什么意见可以反对这一措施。人数有限的委员会将由拥有平等智能的个体们所决定。那个唯一的能力（即不平等的能力，或服务于压力集团的操纵能力）由此瓦解了，换句话说，它的企图已注定失败。

相类似的抽签形式与所有挑选统治者的严肃原则都相背离，那是因为我们同时遗忘了民主意味着什么，以及民主针锋相对的是种怎样的"自然"类型。反过来，如果从柏拉图到孟德斯鸠时代的民主与共和制度之中都反映出抽签指派的形式保持着活力；如果那些极少关注平等的贵族的共和主义者与思想家们都接受了抽签的形式，那是因为抽签形式曾矫正了一种比充斥着无能者的政府更严重也更可能发生的邪恶：某种能人的统治，即擅长用诡诈手段夺取权力的个体的统治。抽签由此就成了某种可怕的遗忘工作的对象。[1] 我们习惯性地将代议制的正义、统治者的能力对立于独断的正义与无能者的致命风险。但抽签的形式对无能者的青睐从未超过有能者。如果这对于今天的我们来说难以想象，这是因为我们过去一直认为是完全自然的观念，对柏拉图来说却肯定不是自然的，对两个世纪前的法国人和美国立宪主义者们来说就更不是自然的，这一自然观念即那些可掌权之人的首要资格是他们渴望行使权力这一事实。

柏拉图知道不可能如此轻易地避开偶然性。当然，在回溯那些论及在雅典人看来"被天堂与好运所眷顾"且无上正义的原则时，他还是投入了所有可用的讥讽之辞。不过他仍在（资格）列表中保留了这一不是资格的资格。这不仅是因为雅典人拟定了一份

43

1　此观点可参阅 Bernard Manin, *The Principles of Representative Government*, Cambridge University Press, 1997 [1996]。

他这样做还有两个更深层的理由，首先是抽签的民主程序与专家的能力原则在某个基本点上是一致的，即善的统治是不愿去统治的人所进行的统治。如果有哪类人在任何时候都要被排除在可掌权者的名单之外的话，那就是那些一心想获取权力之人。通过《高尔吉亚篇》我们可以知道，在后者的眼中，哲学家拥有其归之于民主的所有罪恶。哲学家也体现出了对自然关系的颠覆；他身为长者却扮作小孩，教年轻人轻视他们的父亲与老师；他破坏了所有传统，即城邦中的权贵们以其权贵为由要求统治城邦，并世代相传的传统。哲人王至少在一点上是与人民之王一致的：某种神圣的好运使得某个本不期望获得王位的人得到了它。

正义的统治不能缺少运气这一角色，也就是说，如果权力的实践等同于欲求与征服权力的实践，那就不能没有一个抵制此同一性的部分。无论何时统治的原则从自然与社会差异中分离出来，或换句话说，无论何时出现了政治，这一原则都会陷入矛盾之中。这就是柏拉图式对话中关于"强者统治"的关键。如果政治既不能是一种差别（即自然与社会的不平等）的扩大，也不是一个可以让专业人士凭借其狡诈的手段来占领的场域，那应该怎样思考政治？如果这个问题是哲学家提出的，那么他提问的前提条件，就是那个无须杀掉国王或牧羊人的民主制已经给出的最合逻辑而又最让人无法容忍的回应：建立在任何资格都缺席的基础上的统治才是政治的统治。

这是柏拉图不能在他的资格名单中消除抽签这一选项的第二

44

个理由。那个"不是资格的资格"对其他资格产生了一种反向效
应，一种对这些资格所宣称的合法性的质疑。这些资格当然就是
真正的统治资格，它们在统治者与被统治者之间确定了一种自然
的等级制。但它们实际建立了怎样的政府还有待观察。出身高贵
者将自己与出身低贱者区分开，这是因为某些人希望这种差异能
得到公认并由此可宣称自己的统治为贵族统治。而柏拉图完全了
解其后亚里士多德在《政治学》中所描述的那种状态：所谓的"最
好"基本上就是最富，而贵族制不过是寡头制，亦即财富的统治。
每当出身之权力被打破，每当那些自称代表了某些部族创始神的
贵族当权者开始宣扬其财产拥有者的权力时，政治就真正开始了。
而这在克里斯提尼创制雅典民主的改革中表现得十分突出。[1] 通
过一种反自然的程序，以行政区（demes）——也就是在地理上进
行分割的领土划分方式，克里斯提尼果断地重组了雅典诸部落。
通过这种方式，他摧毁了这一地区在神之庇佑下的贵族——资产   45
者及其继承人的权力。这种分割的方式正是民主一词所指的真正
含义。因此对民主的"罪恶倾向"的批评在某一点上是正确的：民
主代表了一种血缘秩序的断裂。只是这一批评忘记了它正是得益

---

1 克里斯提尼（Κλεισθένης, Kleisthenes），公元前 6 世纪古希腊雅典城邦著名政治改革家。
公元前 509 年联合平民推翻贵族统治，并当选为首席执政官。在梭伦改革的基础上，他又
一次进行了社会改革。在改革中他首先撤销了四个氏族部落，因为它们产生于家庭关系，
容易导致独裁统治。同时他又划分了十个地区部落取代这四个氏族部落。此外他还设立了
由抽签决定（而非基于裙带或血统关系）的立法机构。——译者注

主代表了一种血缘秩序的断裂。只是这一批评忘记了它正是得益于这一断裂的实现，用最平实的话来说，这一批评所提倡的正是一种在统治原则与社会原则间的结构性异位。[1]民主不是一种现代的"无限制"，这种无限制据说会毁掉政治所必需的异位。正相反，民主正是这一异位的开创力量，是对支配了社会机体的诸权威形式的首要限制。

假设所有治理的资格都不容争辩，那么问题就是要搞清楚从这些治理资格中可以推演出怎样的共同体政府。老者的权威凌驾于年轻人在家庭中是主流，当然，我们也可以想象一个城邦是仿造它而来。为了准确地形容它，我们可称之为老人统治（gerontocracy）。有识者凌驾于无知者的权力非常合理地流行于学校，而我们可以通过一种形象的比喻，将这一权力称为技术统治（technocracy）或知识统治（epistemocracy）。通过这种方式，就有可能基于各种统治资格而建立一个政府清单。但唯独有一种政府将会从清单上消失，它正是政治的统治。如果政治还有意义，那这意义就在于给所有这类父权、年龄、财富、武力和学识的统治加上点什么东西，这类流行于家庭、部落、工厂和学校的统治都倾向于将它们自身推举为更大且更复杂的人类共同体结构的模板。额外的东西必须出现了，按柏拉图的话说，这是一种来自天

1　Milner, *Les Penchants criminels*, p. 81.

堂的力量。但只有两类统治来自天堂，即神话时代的统治，也就 46
是强大的神圣牧者对人的直接统治，或者被克洛诺斯指派为部族
领袖的守护神的统治；还有神圣的运气的统治，以抽签的方式选
出统治者，亦即民主。哲学家为了创建真正的政治而奋力消除民
主的无序，但他的努力却只能建立在这（切断了城邦部落的领导
者与侍奉克洛诺斯的守护神之间关系的）无序的基础之上。

这是真正的问题所在。有种事物的自然秩序是要依照那些（被
有资格者所统治的）被统治者全体才能得以产生的。历史上，我
们知道有两种重要的资格可以统治他们，一种是要依附于人类的
或神圣的血缘关系，亦即出身的优越；而另一种则要依附于生产
性组织与再生产活动，亦即财富的权力。社会通常都被这两种权
力所支配，在不同的程度上，武力与知识都要依赖于它们的支持。
但如果老人必须不但要统治年轻人还要统治有识者与无知者，如
果有识者必须不但要统治无知者还要统治富人与穷人，如果他们
一定要迫使有权者屈服，并且被无知者所理解，那么就需要些额
外的东西，一种补充性的资格，一种不但加之于拥有所有这些资
格的人并且也加之于那些无资格的人的共同资格。而现在，唯一
剩下的资格就是无政府主义的资格，这是一种统治者与被统治者
都没有资格的特殊资格。

这就是民主所包含的全部含义。民主不是一种制度类型，也
不是一种社会形式。人民的权力并不是大多数人聚合在一起的权
力，也不是工人阶级的权力。它只是那些既无权统治也无权服从 47

然巨兽"的愚蠢或个人主义消费者的浅薄而摆脱这种权力。除非他想摆脱政治本身。唯当有一种补充性的资格去协助那些维持社会关系的日常运转功能的资格时,政治才能存在。民主的丑闻以及作为民主丑闻之根本的抽签形式,就是对这个只能缺席的资格的揭露,它是社会治理应对其自身偶然性所剩下的最后一颗棋子。有些人可以统治是因为他们年纪最长、出身最高贵、最富有或最有学识。有些统治模式与权威的行使是基于各种各样的对地位与可能性的分配。这些就是我曾提到过的那个值得思考的以"督治"(police)为名的逻辑[1]。但如果老人的权力必须比老人的统治更大,而富人的权力比富人的统治更大,如果无知者能够理解他们不得不服从的有识者,那么他们就必须被冠以某种补充性的资格,也就是那些没有(可使之成为统治者而不是被统治者的)其他特质

---

1 参阅 J. Ranciere, *Disagreement: Politics and Philosophy*, trans. Julie Rose, Minnesota University Press, 1999 [1995]。[Police, 通常指警察或维持治安者, 但也有更广泛的含义, 如福柯所说,police 在 17 至 18 世纪就意指某种 "使得国家力量得以更好施行的计算与技术"(钱翰译《安全、领土与人口》,前揭, 第 278 页), 而朗西埃所理解的 police 其实正是我们日常所理解的政治(politics), 这种政治在他看来 "是一套可以达成集体共识的程序、权力组织、分配地位与角色以及使这分配合法化的制度"(J. Rancière, *Disagreement: politics and philosophy*, p. 28), 或者也可以说它是一种将公共空间不断并入寡头的私人领域中的状态, 一种对无形者与无言者的抹杀和无视。对朗西埃来说, 真正的政治应是在共识表象下的分歧的显现, 是无形者的自我现形, 是被掩盖的无份者的那一份(part of no part), 他因而否定了那种把政治理解成基于共识的表象之上的官僚与经济寡头联手的制度或体系, 并将这类制度或体系称为 police。在朗西埃已有的中译本著作中, 一般将 police 译为 "治安"或 "警察", 但这并不能很好地体现以上含义。本书对 police 的翻译借用了梁启超《中国积弱溯源论》中 "然国家之大, 非一家子弟数人, 可以督治而钤辖之也"一句中的 "督治"一词, 取监督政治越界, 实行寡头统治之意。——译者注]

的人们的权力。他的权力必须成为一种政治权力。而一种政治权力则意味着无自然理由者可以统治同样无自然理由的被统治者之权力的最后证明。"最有能者"的权力除非凭借平等之力，否则无法获得根本上的合法性。

这就是柏拉图在运气的治理中以及在他激烈而又诙谐的对民主的批评中所遇到的矛盾，当描绘那个没有任何特质而只因某种幸福的巧合而应召占据了这一位置的统治者时，他仍须重视民主。这一矛盾也曾为霍布斯、卢梭以及所有近代的契约论和主权论思想家们所遭遇，并贯穿于他们对其一致性与合法性的质疑之中。平等不是一种虚构，这是所有居高位者在现实中经历的最平常的事。没有奴隶主会冒着让他的奴隶逃跑的风险而放松警惕，没有哪一个人没有能力杀掉另一个人，没有施加强力而无需证明自身正当性的，因而这强力也不能不承认不平等的运作所需的平等的不可化约性（irreducibility）。从"服从"不得不牵涉到合法性原则的那一刻起，从这一原则必须被迫成为那些体现了共同体的普遍性的（作为法律与制度的）法则的那一刻起，命令就必须预设一种在发令者与受令者之间的平等。那些认为自己既聪明又现实的人可以不停地说平等只是那些傻瓜与软弱灵魂的白日梦。但不幸的是对他们来说，平等却是一个不断地在各处都证明了的事实。除非主人（哪怕只是稍微地）与他所指挥或教导的人进行"平等"的对话，否则就没有什么服务能够执行，没有什么知识可以传授，也没有什么权威可以建立。不平等的社会能够运作要拜赐于大量的

48

没有什么权威可以建立。不平等的社会能够运作要拜赐于大量的平等关系。这种民主丑闻所揭示的不平等中又包含平等的复杂性，使大量的平等关系成为了公共权力的基础。不过事实并非如此，如平常所说的，法律的平等性的存在是旨在纠正或削弱自然的诸种不平等。这是因为"自然"本身就是双重的，自然的不平等只能维持在一种既对其辅助又与其抵触的自然平等的预设之上，想以别的方式让学生们理解他们的老师，或让无知者服从专家的治理，那都是不可能的。还有人会说军队与警力就是以那种不平等的方式对待他们的。但他们仍然必须理解专家的命令，知道服从这些人的命令有何益处，诸如此类。

　　这就是政治所需要而民主所能提供的东西。由于政治的存在需要一种例外的资格，这一资格加之于或大或小的社会都能使其得到正常的管控，而最终这一资格是要加之于出身与财富之上的。财富的目标是无止境的增长，但它不具备超越自身的力量。"出身"声称它就是主张超越的，但这样做的代价却是从人类血统跨越至神圣血统。它创立了一种牧者的治理，因而解决了问题，但却付出了消除政治的代价。而剩下的就只有那个非凡的例外，人民的权力，它既不是人口[1]的权力，也不是多数人的权力，而是每

　　1　朗西埃的"人口"（population）是指从伦理共同体的共识基础上抽象出来的一种统计学意义上的无分歧的人群，朗西埃将其区别于政治共同体的分歧基础上的"人民"（people）。——译者注

一个人的权力，是占据统治者和被统治者位置的平等的能力。政治的统治自此就有了一个基础。但这一基础实际上也是一个矛盾：政治是统治者权力的基础，它自身却是无基础的。国家治理只有当它是政治的才具有合法性。而只有当政治是建立在无基础之上的，它才是政治的。只有准确地将民主理解为"运气的法则"，才是理解了民主的意涵。通常对民主不可管控的抱怨的最后例证可归结为：民主既不是一种被统治的社会，也不是一种社会的统治，它就是这特定的不可统治性本身。基于此，所有统治形式最终都必须找出它的立基之所在。

第三章

民主、共和与代议制

民主的丑闻仅仅在于其揭示了，绝没有一种以政治为名的单
一的共同体原则，可以使基于整个人类社群的固有法律之上的
统治者的行为获得合法性。卢梭正确地批驳了霍布斯的恶性循
环——霍布斯使其自身陷入了以宫廷阴谋与恶毒的沙龙流言为基
础的对人天生的非社会性的论证。在描述以社会为基础的人性时，
霍布斯指出试图在某种先天的社交性美德中发现任何共同体的起
源都是徒劳的。如果说对起源的追问极易引起（时间上的）前后混
淆，那是因为这追问总是晚于事实。那个要找出善的统治原则的
哲学，或要为人们居身其间的政体找出理由的哲学，它跟随在民
主之后，而紧跟哲学之后的，是社会统治的永恒逻辑的中断，即
那些有资格者统治天生服从者的永恒逻辑的中断。

因此，民主一词并非严格地指代某种社会形式或统治形式。
"民主社会"不再是别的什么，而只是一种想象中的为支持各种善

的统治原则的谋划。社会，还是一成不变地按政治寡头们的剧本来排演。所以准确地说，根本没有民主政体这回事。统治在实践上总是少数人凌驾于多数人之上，因而"人民的权力"就必然被异化为不平等的社会和寡头政体。它将自身区别于社会（形式）进而将自身区别于统治（形式）。由此它也将统治的施行和社会代表区分开来。

人们喜欢通过回溯直接民主与代议民主之间的对立而把问题简化。某个人可以找出时代间的不同，或找出现实与乌托邦的区别。由此，他可以说直接民主制很适合古希腊城邦或中世纪的瑞士州联邦（Swiss cantons），他们所有的自由人都可以集中到一个地点。但对我们这样庞大的国家与现代社会来说，只有代议制民主才是合适的。这一论点并不像他所希望的那样稳固。19 世纪初，法国的议员们毫不费力地把所有州的选民都集中到了行政中心。唯一要做的就是保持较低的投票人数，这一目的通过征收 300 法郎的投票税（以保留投票权）轻易实现了。"直接选举构建了真正的代议制政体"，贡斯当[1]当年经常提到这句话。[2]而汉娜·阿伦特在 1963 年仍可目睹以革命委员会的形式而实现的真正的人民权力，他们任命了真正有效率的政治精英，即那些从有志于公共事

53

1　本杰明·贡斯当（Benjamin Constant，1767—1830），法国政治思想家，自由主义者。——译者注

2　此句话引自 Pierre Rosanvallon, *Le Sacre du citoyen: histoire du suffrage universel en France*, Gallimard, 1992, p. 281。

物并走向前台的自荐者中产生的精英。[1]

换句话说，代议制从来就不是一种为应对人口增长而发明的制度。它并不是一种适用于现代社会与广袤地域的民主形式。准确地说，它是一种寡头政治形式，是那些有权掌控公共事物的少数人的代议制。这一寡头政治形式总是首先认定、规制和占有他们所代表的东西，无论他们被认为是有资格行使权力的人还是其建议偶然地被君权所采纳。代议制也不是一种人民通过投票而发出自己声音的民主形式，它最初（除非一致同意）就是一种统治者所需要的虚伪的赞同。[2] 证据是将民主引入代议制形式乃肇始于一次距今非常近的选举。最初的代议制完全就是民主的对立面，这在法国与美国的革命时代无人不知。美国的建国者们，以及他们的法国跟随者们，都准确地看到（代议制）实际上意味着精英掌权，代议制在人民的名义下被迫承认人民的权力，但除非它破坏这一最终的统治原则，否则它就无法行使权力。[3] 在卢梭的信徒们看来，代议制仅具批判性的意义，即代议制是代表少数人的利益。普遍的意志不容划分，而代言者也只能代表国家的普遍意志。"代

1　Hannah Arendt,*On Revolution*, Viking,1963, pp. 270-271.

2　这一观点可参阅 Rosanvallon, *Le Sacre du citoyen* 及 Manin, *Principles or Representative Government*。

3　在约翰·亚当斯（John Adams）看来，民主所指的无非是"一种人民完全没有统治权的概念"，此句引自 Bertlinde Laniel, *Le Mot Democracy aux États-Unis de 1780 à 1856*, Presses Universitaires de SaintÉtienne, 1995, p. 65。

议制—民主"在今天也许是个烦琐多余的词，但最初却是个矛盾
语（oxymoron）。

54 这并不是说我们必须将直接民主的优点与代议制的中介和篡
权对立起来，也不是要在真正的民主实现以前去指责形式民主那
误导性的表象。错误仅在于把民主等同于代议制，就如把对立的
一方比作另一方。对民主的恰当理解应是：国家机构的司法—政
治（juridico-political）形式与法律体系绝不能基于同一逻辑。这就
要涉及"代议制民主"，更准确地说，可称之为议会制度，或如雷
蒙·阿隆[1] 所说的"多元宪政"，这是一种混合模式——国家机能最
初是基于天生的精英特权而又一点点被民主斗争所修正的模式。
在大不列颠，为选举改革而斗争的血泪史毫无疑问就是其最好的
证明，这却被一首英国传统的"自由"民主的田园诗给自鸣得意地
抹杀了。普选权从来不是民主的自然结果。民主不会有自然的结
果，确切地说，这是因为民主正是对"自然"的割裂，它破坏了自
然所有权与统治形式的联系。普选权是一种混合模式，诞生于寡
头政治，被民主斗争所修正，之后又永久地被寡头政治重新征服，
寡头们将他们的候选人或决策推销给选民，却不能排除选民像大
众抽签那样的行动的可能性。

民主绝不能被等同于某种司法—政治之形式。这并不是说民

1　雷蒙·阿隆（Raymond Aron，1905—1983），法国犹太裔哲学家、社会学家，曾与萨
特一同就读于巴黎高师。——译者注

主与这类形式无关，而是说人民的权力总是在这些形式之下而又超出这些形式。在其之下是因为，如果不涉及那些构成有能者的基础并否定有能者权力的无能者的权力，如果不将其与这台不平等的机器运行所必需的平等联系起来，这些形式就不可能有用。说它超出这些形式，是因为铭刻着这一权力的真正形式，正不断地被政府机器通过自己的剧本重新纳入诸统治资格的"自然"逻辑，这是一种在公与私之间的模糊逻辑。自然的链条一旦断开，政府就被迫立即将他们自己表现成共同体普遍意志的典范。那唯一逻辑的分离，即固有权威与社会整体再生产之间关系的分离产生了一个公共领域，这一领域由督治与政治这两种相互冲突的对立逻辑所构成，亦即社会有能者的自然统治与全民统治间的对立。任何统治实践都本能地趋向于收缩这一公共领域，并将之归入自身的私人事务，通过这种方式，不断将非官方行动者的创造力与介入空间转入其私人领域。因而，民主绝非那种追求私人享乐的生活方式，而是奋力反抗这一公共领域私人化的过程，一种扩大这一领域的过程。扩大公共领域并不必然带来自由主义者所说的对社会的侵蚀。它有责任全力反对那种支撑着政治与社会两方寡头控制下的公共与私人间的分配。历史地看，公共领域的扩大包括两重认识：一重认识，是平等及其他政治主题都被国家法律归入了次一级的私人生活中；另一重认识，是不同场域的各类公共机构与关系都任由财富的力量所掌控。首先要做的抗争就是致力于将所有被督治逻辑天然地排除在投票与公职之外的人们，以及

55

56

将所有无资格参与公共生活的人们包括进来。他们没有资格，因为他们不属于社会而仅仅是被豢养的再生产者，他们的劳作都属于主人或丈夫：雇工被认为是缺乏自主意志且依赖于他们主人的豢养；妇女则服从于丈夫的意志并转而关心家庭与内部生活。此外还要做的抗争是反抗选举制度的自然逻辑，这一逻辑将代议制变成统治者利益的代言人，并且将选举变成了用以获得同意的工具，官方候选人选举作弊，造成事实上的对候选资格的垄断。范围更广一些，也包括全力反抗那些认为不同场域的公共事物、关系与制度都属于私人的断言。这些抗争，因他们的立场与目标之故，一般被形容为"社会运动"，如工资与工作条件的争论，医疗与退休制度的的争论。不管怎样，这一名称都是含混的。实际上它已经预设了一种政治与社会或公共与私人间的分配方式，换句话说，现实中的政治争论都关乎平等与不平等。对工资的争论首先关乎劳资关系的剥削性，声明劳资关系既不是主奴关系也不是简单地形成于两个个体间的事务性契约，而是一项影响到总体的公共事务，因此，这类事务应该在集体行动的范围内进行，如公共讨论与立法规范。"工作的权利"是 19 世纪工人运动所提出的主张，首先意味着，这并非要求"福利国家"或其他类似的福利资助，而是要求将工作制度视为集体生活的结构，这一结构在私利法则的单一统治下和对无限财富扩张过程的有限管控中被扭曲。

57

统治自从最初的混沌中诞生，就通过一种对领域的分配逻辑而得以施行，这一逻辑有两种可借用的手段。首先，它主张将公共事务的范围与从属社会的私人利益相分离。在这方面，它声称即使"人"与"公民"的平等得到承认，也只牵涉到他们与已建立的司法—政治领域的关系，且即使人民是独立自主的，他们的平等也只能通过其代表和统治者而实现。统治的运作是建立在对（属于所有人的）公共领域与（包括所有主流自由权的）私人领域的区分之上。这些每个人都拥有的自由实际上都被那些占有了社会实质权力的人所支配。这是一个以财富积累为法则的帝国。另一方面，从私人利益中脱身而出的公共领域被声称仍然是私人化的、有限的公共领域，这是一个为那些只关注自身利益的机构和垄断者量身打造的剧本。在寡头治下，这两个领域的分离原则上比它们的联合更好。美国的开创者们与法国纳税选举制度[1]的支持者们的确看不出把财产所有者的身份等同于那些有能力将自己提升到社会生活与经济的蝇头小利之上的公共人（l'homme publique）有什么不好。因而，民主运动实际上是一种要逾越双重限制的运动，其一，是将公共人的平等扩展至其他的共有生活领域，特别是那些被无约束的资本财富所掌控的领域；其二，是重申全体中的每个人都享有不断被私人化的公共领域的所有权。

这就是曾被多次提及的人与公民的二元性。从伯克开始，经过马克思与汉娜·阿伦特，一直到阿甘本，这些批评者都以单一

58

---

1 法国纳税选举制度（régime censitaire）施行于 1815—1848 年。——译者注

逻辑[1]为由抨击此二元性以一种单一逻辑的名义被批评家伯克与阿甘本所抨击：如果政治需以两种原则代替唯一的原则，它必定是出于欺骗与邪恶之故。这两种原则之一必定是虚假的，如果不全是假的话。对伯克与阿伦特来说，人权不是空洞就是同义反复，他们是裸人（bare man）的权利，而这裸人不属于国家共同体，所以没有权利。因而，人权要么是那些无权者的空洞权利，要么就是那些属于国家共同体的人的权利。也就是说，这些权利只是某个国家的公民之权利，是那些有权者的权利，而这是同义反复。相反，马克思看到作为建构理想国家的公民权其实只是人的权利，不是裸人而是男性财产所有者的权利，在"人人享有平等权利"的面具下，他们强迫法律为其利益服务，这是财富的法则。

这两种立场交汇于一个关键点：那个承自于柏拉图的意志，将人与公民简化为一对假相与真相的概念，政治的关切应该有且只有一种原则。上两种立场都否认政治只有通过民主这个词所指的无政府主义的补充才能存在。我们将毫无保留地同意汉娜·阿伦特的观点，裸人并不享有属于他的权利，他并不是政治的主体。而宪法文本中的公民也同样不是政治主体。确切地说，政治主体既不是人（类）或人口集合，也不是被宪法文本所定义的那种身份。他们总是在各种身份的间隔中被定义，成为这些被社会关系或司

1　此处单一逻辑（single logic）是针对前文的二元性（duality）。——译者注

法范畴所定义的身份。革命俱乐部的"公民"是这样一个人——他否认主动的公民（也就是那些付得起投票税的公民）与被动公民之间有本质上的对立。作为政治主体的（工业或其他行业的）工人分解了自身，从而进入了一个非政治性的私人世界。政治主体在不同名义的主体间隔中存在着。人与公民是这样一些普遍性的名称，他们的外延与内涵都极具争议，由是之故，将他们作为政治实践的补充，以检验这些名称中的哪一个可以实际应用，以及它的承受力有多大，就成为人与公民的二重性可以适用于政治主体结构的方式。这一政治主体出场并挑战了统治者的双重逻辑——也就是那个从公共人中分离出私人个体以更好地维持它在两个领域内的统治的逻辑。为了防止这二元性被定义为虚实间的对立，它就必须进一步分解。因而，政治行为就要反对督治逻辑利用同样的法律文本分解出其他的领域，以及反对公共人与个体间的另一种二元性的出场。它（政治行为）是通过造成人与公民的对立，从而颠覆他们之间关系与场域的分配。作为一种政治身份，公民要以适用于法律与原则的平等规则对抗特征化的"人"（characterize "men"）的不平等，换句话说，即改变个体受制于血统和财富权力的状况。而相对地，前文所提的裸人反对将所有人的平等地位被公民私有，这里所说的公民是那些将其他人排除在公民之外，或将公民平等的规则排除在集体的生活领域之外的那些人。这些术语中的每一个，都争议性地扮演着反对特殊性的普遍性角色。而裸人的生活与政治生活本身的对立也同样可以被政治化。

60

这正是奥兰普·德古热[1] 在《女性与女性公民权利宣言》第十条中那著名的三段话所表明的："女性有权登上绞刑架；她们必须享有平等的登上演讲台之权利。"这一论证不寻常地在中间插入了一段关于女性言论自由权的声明，并且是模仿男人的语气（"任何人都不应因其意见表达而受到干涉，在不会扰乱法定的公共秩序的情况下应给予他们表达的机会"）[2]。但这一奇特之处正标志着生活与公民关系间的扭转，这一扭转确立了一个主张，即女性是政治表达领域的一部分。公共与私人领域的划分将女性排除在公民权利的受益者之外。女性属于家庭范畴，由于这一范畴的特殊性，她们被认为与普遍性的公民领域无关。德古热转变了这一观点，是因为她认为有罪者有"权利"接受惩罚，如果"女性有权登上绞刑架"，如果革命的权力可以审判她们，这是因为她们的裸人生活本身就是政治性的。死刑判决的平等性本身就宣布了家庭生活与政治生活之间的区分是无效的。女性因而可以主张作为女性同时也是作为公民的权利是同一种权利，不过，只能用一种补充的形式来表达。

这样一来，她们就反驳了伯克与阿伦特所认定的事实。正如此二者所说：要么人权就是公民权，即那些有权者的权利，这是

1　奥兰普·德古热（Olympe de Gouges, 1748—1793），法国女权主义者、剧作家、政治活动家，其有关女权主义和废奴主义的作品拥有大量受众。在法国大革命中，德古热因攻击罗伯斯庇尔政权，且与吉伦特派关系密切而被送上断头台。——译者注

2　括号内这段话出自《人权和公民权宣言》，德古热的《女性与女性公民权利宣言》第十条借鉴了这段话，因此作者称其为"模仿"。——译者注

同义反复；要么公民权就是人权，就如没有权利的裸人一样，是无权者的权利，这是谬论。由于受到这一逻辑约束的钳制，奥兰普·德古热与她的同志们设法嵌入了第三种可能性，即女性与女性公民所拥有的权利不是她们本有的权利，她们并不拥有她们应有之权利。她们被专断地剥夺了《人权和公民权宣言》赋予全法国人民乃至全人类的无差别的权利。尽管如此，她们仍用行动去实践被法律所拒斥的公民权利。她们通过这种方式去证明自己拥有那些不被承认的权利。"有"与"无"是两个分裂的概念，而政治正是使这一分裂显现的实际操作。1955 年 12 月的一天，阿拉巴马州蒙哥马利市的一位年轻黑人妇女决定坐在不允许她坐的巴士座位上，作为一个美国公民，她无权坐在巴士座位上，因为但凡有十六分之一或以上非白人血统的本州居民都不得使用这类座位。[1]蒙哥马利市的黑人们是这次个人对抗运输公司行动的支持者，他们决定联合抵制这家公司，这是真正的政治行动，它使得那种印刻在人与公民二元性之上的排斥与包容的双重关系得以显现。

　　这就是民主进程所暗示的：这是主体的行动，这一主体使身份的间隔得以显现，并重新划分公共与私人以及普遍与特殊间的分配。民主绝不能被简单地等同于普遍性凌驾于特殊性之上，因

62

1　关于南方各州种族法律的论述，读者可参考 Pauli Murray, ed., *States' Laws on Race and Color*, Georgia University Press, 1997 [1951]。对那些不断妖魔化"社群主义"（communitarianism）的人来说，这本书在回答"保护社群主义者的身份到底意味着什么"这类问题时将给出一种更精确的看法。

为普遍性会不断地被督治逻辑私人化，不断地被降格为一种在出身、财富与能力之间分享权力的模式，这是一种在国家与社会都通行的模式。这一私人化很乐意以净化公共生活的名义得以施行，以对抗私人生活或社会领域的特殊性。但这所谓的净化仅只是对关系分配的净化，是对财富权力的社会形式与公权私人化的国家形式之间既定关系立场的净化。这一论证只是证明了它的预设，即那些注定掌控和不能掌控公共生活与公私分配的人们的区别。因而民主进程必须以一种挑战性的方式不断地将普遍性带入剧本。民主进程是一个不断上演的过程，一种主体化形式的创造过程，是不断检视并抵制无止境的公共生活私人化事件的过程。在此意义上，民主正意味着政治的不纯洁，意味着挑战统治者将公共生活的单一原则具体化的主张，并且可以借此界定公共生活的内涵与外延。如果有一种针对民主而言的"无界限"，那么它是依系于此，即它是源于不断地逾越公共与私人以及政治与社会的边界的运动之中，而非源于个体欲求指数的增加。

这是所谓的共和主义意识形态所不能接受的内在于政治的逾越。这一意识形态声称在政治与社会领域之间有一严格的区分，同时又将共和等同于平等地应用于所有特殊性的法治。20 世纪 80 年代，它对学校教育改革问题展开的争论就是一个案例。它以直白的教条宣称世俗的共和国学校教育应忽略社会差异，给所有人传授相同的知识。作为共和主义的信条，它坚称作为公共事务的教学（传授知识）与作为私人事务的教养是两回事。它因而把这一"学校危机"的原因归结为社会对教育机构的侵蚀，并且指责那些主张改革的社会学家们是这一侵蚀的工具，而这一改革正是要混淆教养与教学的区别。于是就可以理解，共和制是将其自身视作体现了国家制度的中立性的平等规则而现身的，不关乎社会差异。所以，它可能会惊讶于世俗的共和主义学校教育的主要理论家在今日竟成了某种血缘法则下（这一血缘法则就体现在父亲要求孩子学习某种宗教的神圣经文中）的民主人自毁的唯一障碍。但这一明显的矛盾正好揭示了被共和主义传统（这一传统主张维持国家与社会之间的区分）所掩盖的含混性。

"共和"一词并不仅仅意味着法律面前人人平等。"共和"是一个模棱两可的词，它出自一种想将政治的剩余物纳入政治制度形式内的期望所暗含的张力。纳入这一剩余物意味着一对矛盾，即将这剩余物置于共同体制度的形式与文本中，但同时又以国家法律与社会的道德观念加以拒斥。一方面，现代共和制被视为一种含纳了民众之剩余的出自人民意志的法律治理形式。但另一方面，纳入这一剩余需要一种调节原则，共和制不仅要有法律还要有共和主义的道德。共和，因而就是一种国家制度与社会道德的统一体。在此意义上，共和主义传统既未回归卢梭也未回归马基雅维利。准确地说，它是回归了柏拉图的政制（politeia）[1] 对后者

64

1　Politeia，在古希腊指"政制"或"宪法"。柏拉图的著作《理想国》（也译作《国家篇》或《王制》）原名即"Politeia"。——译者注。

而言，统治并不是通过法律一视同仁地看待每一个单位的"算数式"（arithmetic）统治。而是让价值较高者凌驾于价值较低者的"几何式"（geometrical）统治。它的原则并不是平等地应用于所有人的成文法，而是要通过教育将每个人和每个阶级的德性都贡献给特定的职位与职能。如此我们就可以了解共和制并不反对社会的多样性统一。而社会学严格来说并不是社会多样性的编年史。相反，它是一种同质化的社会人的视角，以其内部至关重要之原则反对法律的抽象化。共和主义与社会学在此意义上是同一谋划的两种名称：二者都想重新跨越同质性政治秩序与社会生活模式的裂缝。这正是柏拉图所提到的：共同体的法律不是死的公式，而是社会活生生的呼吸——明智的忠告与公民自出世就内化了的身体运动，都通过城市的歌舞大合唱而得以表达。以下是社会学所建议的要在法国大革命后采取的措施：矫正"新教徒"式个人主义对祖先们建立在血统特权之上的社会肌理的破坏；重建社会机体，均衡分配职能与自然等级，并以共同的信仰联合起来，对抗民主式的离散。

65　　因此，共和主义的概念就不能被定义为国家对社会的限制。它实质是教育的工作，即通过在法律与道德之间，在制度形式的系统与社会机体的配置之间来建立或重建和谐。有两种思考这一教育的方式。一些人认为教育既已在社会机体中生效，唯一要做的是去提炼它：血统与财富的逻辑造就了有能力的精英，他们有时间也有办法启蒙自己并将共和主义的标准强加给民主的无政府主义。这也曾是美国建国者们的思想。对另一些人来说，能力体系本身已经失效，而科学被要求在国家与社会间重构和谐。这是对法兰西第三共和国所创立的教育事业的思考。但这一事业并非我们时代的共和主义者所制定并简化的那种模式。因为这是两条阵线上的斗争。它曾奋力为天主教权与专制君权下的精英与人民而抗争。这一进程绝不会承认社会与国家以及教学与教养之间的分离。新生的共和国实际上使社会学重建同质性社会结构的谋划得以实现，而且它不但超越了民主与革命的裂缝，也超越了古老的君主结构与信仰。这也解释了对它而言为什么厘清教学与教养的关系十分重要。将小学生领入读写世界的语句必须是道德与实用相统一的。在此链条的另一端，一个人可以摆脱空虚精微的文献学，利用拉丁文学中的故事就将德性灌输给统治精英。

　　这就是共和主义教育一开始就分成两个对立阵营的原因。朱尔·费里的计划是建立在科学的统一以及大众意志的统一基础上的假想的平等。通过将共和与民主等同于一种不可分割的社会与政治秩序，费里以孔多塞与革命的名义主张从上层到底层都应该接受同等的教育。他还希望消除第一、第二与第三等级间的屏障。他主张学校对外开放，学校教育应建立在趣味性的实操功课之上，而不是严厉的语法规则之上。现代学校教育要（给所有人）提供接受一流教育的同等机会。所有这些主张都使很多"共和主义

66

者"感到洞心骇耳。[1] 无论如何，在当时，这些建议都引来了不少敌意——那些将民主视为对共和国之侵蚀的人的敌意。这些人主张应清楚地区分共和国学校教学方法的两种功能：给人们传授实用知识，以及在人群中培养一种有能力将自身超越于功利主义之上的命中注定的精英。[2] 对他们来说，知识的传播总是同时潜心沉浸在某种"环境"以及某种（将人们安置到各自社会目标中去的）"结构"之中。而环境的混乱是不可容忍的。如今，这一混乱的恶根被归结到两个旗鼓相当的名称上——平等主义与个人主义。由是之故，"错误的民主"，亦即"个人主义的民主"，引领了阿尔弗雷德·费埃[3] 在 1910 年所描述的恶贯满盈的文明社会，而 2006 年的报纸读者也将毫无困难地认识到 1968 年 5 月所带来的灾难性影响——性解放以及大众消费主义的盛行：

1　参见 Paul Robiquet,ed., *Discours et opinions de Jules Ferry*, A. Colin, 1893—1898。其中第三、四卷致力于论述各种教育法。在 *La Cérémonie de la Sorbonne en l'honneur de Jules Ferry du 20 décembre 1905* 这篇文章中，费迪南·比松（Ferdinand Buisson）引用了费里在 1881 年 4 月 19 日教育会议上的讲话，并强调了温和的费里所说的教育法的激进主义："自此以后，在中学教育与小学教育之间再没有什么不可逾越的深渊，无论教育方法和教职人员都是如此。"不过，我们还是注意到在 20 世纪 80 年代"共和主义者"的选战中，无人屈尊降贵去检验他们自己的能力，却谴责那些"普通教育的教师"对大学教育的渗透，而且还哀叹中学教育的"初级化"。

2　参阅 Alfred Fouillée, *Les Études classiquesetla démocratie*, A.Colin,1898。要评断费埃（Fouillée）在那个时代的形象，就有必要知道他的妻子曾是最畅销的共和主义教育学著作的作者，著有 *Le Tour de France de deux enfants*。

3　阿尔弗雷德·费埃（Alfred Fouillée, 1838—1912），法国哲学家、伦理学家。——译者注

　　经常被社会学家所采纳的绝对的个人主义原则，使得
孩子们……完全不需要他们的家庭：这一原则允许他们活
得像一个完全独立的人……从天而降，可以做任何事，除了
合他们口味的事情外没有任何规矩。所有可以将人们联合
在一起的事物对个人主义的民主来说都像是奴隶的枷锁。

　　它甚至开始反感性别间的差异，厌恶由这差异所带来
的责任：为什么要宣扬男女间的不同？为什么要因此而分
置他们的职业？将他们一起放入同一个系统中，一锅同样
科学的、历史的、地理的汤中，经过同样的训练并从事同样
的职业就可以让他们平等了……匿名的个体，无性别，无父
无母，没有传统，没有环境，没有任何约束，这种人——正
如泰纳[1]所预见的——是错误的民主制中的人，无论此人被
称作梯也尔[2]、甘必大[3]、泰纳、巴斯德[4]，又或者瓦切尔[5]，他的
选票和意见都被算作一份。这一个体终老于自我之中，以

67

1　H. A. 泰纳（Hippolyte Adolphe Taine, 1828—1893），法国哲学家、历史学家和美学家。——译者注
2　路易·阿道夫·梯也尔（Adolphe Thiers, 1797—1877），法国政治家、历史学家。曾任法兰西第三共和国首任总统。——译者注
3　莱昂·甘必大（Leon Gambetta, 1838—1882），法兰西第二帝国末期和第三共和国初期著名的政治家，为建立和巩固第三共和国做出了卓越贡献。——译者注
4　路易斯·巴斯德（Louis Pasteur, 1822—1895），法国化学家、微生物学家。——译者注
5　乔瑟夫·瓦切尔（Joseph Vacher, 1869—1898），法国连环杀手，曾被称为"法国开膛手"，与英国的开膛手杰克（Jack the Ripper）齐名。费埃将此人与前几位杰出人物并列，借此讽刺民主的一视同仁。——译者注

自我取代"集体精神",取代所有那些贯穿各个时代、建立
牢固的纽带以及维持了共同荣誉感传统的职业氛围。这将
是原子式的个人主义的胜利,是力量、数量和狡诈的胜利。[1]

个体的原子化如何能导致数量与力量的胜利可能会让读者感
到困惑。不过正好可以借此追溯一下"个人主义"这一概念。"个
人主义"是如此不见容于那些深恶集体主义与极权主义的人们,这
是个极易解答的迷。这种集体(主义)并非一般而言的"民主的个
人主义"的批评者所捍卫的集体,他们所捍卫的集体,是一种由人、
环境与"氛围"构成的,在精英领导下的,以知识排序的良序集体。
他们所拒斥的也并非个人主义,而是任何人都可以分享一份特权
的观念。对"民主的个人主义"的拒斥不过是出于权威的知识阶
层对平等的厌恶,他们要让人知道只有精英才有资格统治盲目的
大众。

将朱尔·费里和阿尔弗雷德·费埃的共和主义混为一谈是不
公平的。但另一方面,如果说我们时代的"共和主义者"更接近后
者而不是前者则是公平的。相较于启蒙传统以及使人民接受平等
学术教育的伟大梦想的继承者来说,他们更像这类伟大的困扰的
继承者——困扰于"孤立""分裂"以及传统秩序与结构的崩溃所

---

1 Fouillée, *La Démocratie politique et sociale en France*, F. Alcan, 1910, pp.131-132.

带来的灾难性的环境与性别的混乱。通过以上梳理就可以理解存在于共和主义观念中的张力。共和主义的观念是通过使得国家与社会同质化，从而排除民主剩余物的一种制度体系和法律与道德价值。而依靠国家分配资源同时培养人与公民的学校教育，非常自然地声称自己就是实现这一观念的最好机构。但这仍然无法解释为什么知识的分配——数学或拉丁语，哲学或自然科学——应该用来培养共和国的公民而不是培养王子或服务于神的牧师。知识的分配只有在地位的（再）分配这一意义上才是能生效于社会的。要衡量这两种分配间的关系，就必须有另一种额外的科学。自柏拉图始，这一高贵的科学就有了一个名字——政治学。作为从柏拉图一直延续至朱尔·费里的梦想，政治学必须统一知识，并且在这统一的基础上，定义国家与社会的共同意志与共同领导。但这一科学却始终回避了一个解决政治结构剩余物的最关键事项：对不平等与平等之间的公平比例的决断。这（回避）是为了确保各类制度安排都能使国家与政府可以展现它们都所希望展现的寡头或民主的面目。亚里士多德在他的《政治学》第四卷中构建了一种至今未被超越的关于技艺的理论。但其中没有公正地权衡平等与不平等的科学。当无限制的资本主义财富与无限制的民主政治之间爆发冲突时，政治学就比以往任何时候都缺乏这一权衡标准。共和主义的目标是凭借公正的分配比例而达至民主平等的治理。但即便是神，在赋予灵魂以金、银、铁的性质时也会有比例失当的时候，科学就更不可能做到。科学的统治最终会成为一种"自

69

然精英"的统治，这当中专家的社会力量与财富的力量相结合，会再一次激起逾越政治边界的民主无序。

要消除内在于共和主义谋划的张力，从而在国家与社会间构建同质性，就意味着新共和主义（neo-republican）意识形态事实上要消除政治本身。它为共和主义的教育与政治净化所做的辩护，可以归结为以独特的方式将政治置于国家领域内，即使这意味着要求国家管理者遵从开明精英的意见。宏大的（主张回到20世纪90年代的政治安排的）共和党宣言主要是为政府决策服务的，甚至在无限制的全球资本扩张的危机中，他们还主张要抹除政治，径直倒退至污蔑"民粹主义者"以及污蔑任何反对这一抹除行为的斗争的地步。他们唯一未完成的任务，就是直接而荒诞地将财富的无限扩张归罪于民主个体贪得无厌的欲求之上，并将这贪婪的民主打扮成严重的灾难，而人类则会因这一灾难毁灭自身。

第四章

一种憎恨的合理性

现在我们可以回到最初的问题上来了：我们生活在公认的"民主"社会与国家中，通过这个词，民主社会与民主国家就与那种没有法律或只有宗教法的国家治理下的社会区分开来了。我们该怎样去理解那些处在这类"民主制"核心之中的主流知识分子，他们的处境绝对称不上绝望，也完全不想生活在不同的法律体系之下，却日复一日地抱怨着所有人的不幸都源于那个他们称之为民主的唯一邪祟。

让我们把事情按顺序梳理一番。当我们说我们生活在民主制中时，这到底意味着什么？严格地说，民主不是一种国家形式，它总是在其之下而又超越这些形式。在这些形式之下，是将民主相较于寡头国家而言的，即民主既是其所必需的平等，又是其必须遗忘的基础。超越这些形式，是指民主是阻止（所有国家垄断公共领域并将其去政治化的）趋势的公共行动。所有国家都是寡头

72　政体。某个主张民主与极权主义之间对立的理论家欣然承认了这一点：“无法想象一种政体不是某种意义上的寡头政体。”[1] 但寡头政体多少会给民主一些空间，这一空间的范围会因民主行动对寡头政体的蚕食而伸缩。在这种严格的意义上，立宪的形式与寡头的施政或多或少可以被当作民主。通常仅仅是一种代议制的存在就可以被认作定义民主的关键性标准。但代议制本身是一种不稳定的妥协，是反作用力的结果。它只是趋向于将民主推进到某个很接近每个人及所有人掌权（power of anyone and everyone）的程度。有鉴于此，我们就可以在最低限度上制定一些规则，而通过这些规则，代议制就可以被认定是民主的，如当选者任期较短且不可变更，不可兼任其他职务；人民代表垄断法律的制定；禁止国家公职人员成为人民代表；竞选与竞选成本极度最小化；监控经济力量对选举过程可能的干涉。这些规则并无过分之处，过去有许多从不被群众激情所打动的思想家与立法者们都谨慎地将这些规则视作维持权力平衡的可能手段，并以之区分普遍意志的代议制和特殊利益的代议制，同时避免他们所谓的最坏政府，即那些热爱权力并善于夺取权力的政府。我们今日所有要煽起（民主）狂欢的人都会列出这些规则。这是有道理的——因为我们所谓的中央控制与政府运作的民主正是这些规则的对立面：当选的议员

1　Raymond Aron, *Democracy and Totalitarianism*, trans. Valence Ionescu Weidenfeld and Nicolson, 1968, p. 83.

们总是同时或交替地担任市政、地区、立法和／或部级的职务，并 　73
且他们与人民的主要联结也就是代表了地区的利益；政府为自己
制定法律；人民代表大部分来自某个行政管理学院[1]；部长或他们
的合作者们也在公共的或半公共的公司中担任职务；各党派通过
公共工程的合同欺诈融资；商人投入巨额资金试图赢得选举；私
人传媒集团的拥有者们运用他们的公共功能将公共媒体集团据为
己有。总而言之，公共事务被国家寡头与经济寡头的坚固联盟垄
断了。这样我们就知道为什么那些厌恶"民主的个人主义"的人
却无论如何都不批评这种掠夺公共利益与公共资源的体制了。事
实上，这些过度消费公共职能的形式可算不到民主的账上。"民
主主义"所承受的邪恶罪名根本上就与寡头们的无限贪欲有关。

　　我们既不是生活在民主政体中，也不是如某些作家所声称的
生活在拘留营里（因为他们认为我们都臣服于某种生命政治式[2]的
对异类的统治法则之下）。我们生活在寡头法则的国家中，换言之，
在这类国家中，寡头的权力要受限于人民主权与个人自由的双重
承认。我们了解这类国家的优势，也了解它们的局限。它们都举

1　指法国国家行政学院（Ecole Nationale d'Administration），法国政府创建的公共机构，隶
属于总理办公厅，它以选拔和培养法国以及国际高官为任务。——译者注
2　生命政治（biopolitics）这一概念是由福柯提出，用来描述现代的社会控制从强制性的暴
力管制转向对个体生命和生理机制的微观监控，后者是一种非制度化的、随处发生的、人们
自主参与的监督与控制。可参阅米歇尔·福柯：《生命政治的诞生 1978—1979》，莫伟民、赵
伟译，上海：上海人民出版社，2011 年。——译者注

行自由选举，这些选举都首先要保证那些有同类优势的人一再当选，虽然是处在不断轮换的标签之下。投票箱一般也作不了弊，我们可以去检查它而不必冒生命危险。行政部门也不腐败，除非公共合同事宜牵涉到多数党的利益。个人自由也得到尊重，虽然在涉及边界与领土安全防卫时会有明显的例外。还有出版自由，无论是谁，想要在没有金融力量资助的情况下创办一份报纸或一个电视台都将面临严峻的困难，虽然他（或她）不会被投入监狱。结社、集会和示威的权利允许人民组织民主生活，然而，这一生活不能脱离国家（控制）范围。"允许"明显就是一个专断性的词。这些自由不是寡头们的恩赐。它们都是通过民主行动赢得的，也永远只能为这些行动所保证。"人权与公民权"是将它们变为现实的人们的权利。

我们当中的乐天派会由此推断出法治的寡头国家已经形成了一种微妙的对立平衡，用亚里士多德的话说，就是通过这一对立平衡，坏的政府就能接近那个不可能的好政府。因而，在所有方面，"民主制"都将类似于某种会给民主留下足够的空间去培养其激情的"寡头制"。但我们当中有更多的悲观派却颠覆了这一论断。和平的寡头统治将民主的激情转向了私人享乐并使人民漠视公共领域。他们说，只需看看法国正在发生的事情就明白了。我们制定了一部让人称羡的宪法，由此我们的国家就能得到良序的治理而且也必将如此，这一制度如我们所知，多数主义者[1]清除了极右翼党派并且使得"各个执政党"有办法轮流执政；因而也使得多数派，或者说最强的少数派可以在没有任何反对派的情况下执政五年时间，在保证稳定的情况下，为了公共利益，他们就各种不可预知的情况和长远的打算而采取任何必要的措施。一方面，轮替执政满足了民主人想要改变的口味；另一方面，各执政党的成员们都是在相同的专于管理公共利益的学院中完成他们的学业，他们倾向于采用相同的施政方案，相较于群众的激情，他们会给予专家的学识以更为优先的地位。一种共识的文化由此创制而出，这一文化批判旧的冲突，使我们习惯于冷静客观地对待短期与长期的社会问题，向专家们咨询解决方案，让有资格代表重大社会利益的人物和他们讨论。唉！所有这些好事都有其缺点：群众摆脱了对统治的担心，就只剩下了私人的自利热情。这些群众中的个体们，要么对公共事务毫无兴趣，放弃选举投票；要么只出于自身利益与消费者的一时性起而去参与公共事务。在急切的社团利益的名义下，他们持续地举行罢工与示威运动，以反对那些旨在确保他们有一个有前景的退休计划的措施；在个体的冲动下，他们在选举中选择能取悦他们的人，就像是在新潮的面包店选择各种面包一样。其结果就是"抗议型候选人"在选举中所得到的票

75

1　多数主义（majoritarianism），一种漠视少数派的权利、以多数人的意志作为表决或判断标准的理论。——译者注

数总体上都超过了"治理型候选人"。

　　这类论断中有很多观点我们都要反对。这些老套的对"民主的个人主义"的批评，无论在这里还是在其他地方都是与事实相悖的。我们所观察到的不断上升的弃权率并不真实。我们曾有相当的机会在增长的投票数字中看到一种让人惊叹的公民的坚持，这些投票者们执着地动员自己在同一类不断地展示其平庸的（如果不是腐败的话）寡头国家的代表中做出选择。而那种蔑视"治理型候选人"的民主激情也并非出自消费者的冲动；这激情只不过是希望政治不仅仅是一种在寡头们的交替轮换中做出的选择。这类论断以其强势的观点解决了这些问题。他们给出的回应既简单又明确：这一值得称美的制度使得最强少数派可以在没有麻烦的情况下行使统治权，并且还创制出一个多数派与一个反对派达成了合意的格局，在此基础上，政策的执行会把寡头机器本身导向某种停滞状态。造成这停滞的是两种合法性原则间的冲突。一方面，我们的寡头法则下的国家牵涉到一种人民主权的原则。这一观念，不可否认，在原则上和实践中都很暧昧不明。人民主权是一种将民主的过剩纳入进来的方式，也是将具有政治特异性（political singularity）的无政府主义原则（那些无资格统治的统治原则）转变成某种本原的方式。此方式已经应用于代议制这一矛盾的制度中了。但这矛盾却从未抵消其最终原则中的反向张力。"自主的人民"的假象因而也不再作为统治逻辑与政治实践之间的链接而存在，这一链接总是惯于分化人民，并将某部分补充性的人写进

宪法，让他们以被议员代表的方式体现在国家之中。我们议会的
真正的活力只到最近才由非议会的乃至反议会的政治行动而得到
激励与推动，这类政治行动使政治成为对抗的可能性领域，而这
可能性不仅涉及不一致的意见，还涉及相互对立的世界。这一矛
盾的平衡在今日被打破了。苏联体制的长期衰落与突然崩溃，以
及社会斗争与解放运动的式微，都使得在寡头制度之上建立起一
种共识的前景成为可能。依照这一前景，我们所处的基本现实就
是我们不能再保留解释权而只需给出适于这一现状的回应，而无
论我们有怎样的意见和激情，这些回应通常都是一样的。这一现
实被称作经济，亦即无限制的财富力量。我们都能看到这无限制
给统治原则制造的难题。不过如果知道如何将问题一分为二，这
问题就可以解决，并且这解决方案还能给寡头政府冠以其迄今为
止都只能幻想的高贵的科学之名。因为，的确，如果财富的无限
制运动被预设成我们所处世界之不可置疑的现实与未来，那么它
所留给政府的，就只是关于对当前的实际管理和对未来的大胆预
测，以及就此拿掉内在于我们民族国家之中并加之于其无限制发
展之上的钳制。反过来说，如果这一部署方案是无限制的，如果
它不必困扰于人民中的某些特殊选票或国家的某一部分领土，它
就会变为一个让不可控且无所不在的财富力量受控于其人民利益
的政府。

　　为资本的无限扩张而消除国家限制；将资本的无限扩张置于
国家的限制之下，在这两项任务的交叉路口，我们发现了那个高

77

78

贵的科学逐渐明晰的身影。它永远都不可能找到平等与不平等的正义标准；在此基础上，也不可避免地会出现民主的补充，亦即人民的分化。另一方面，政府与专家也不可能找到限制与无限制之间的恰当平衡。这些都在现代化的名义下发生着。现代化并不是一种调整政府职能并使其应对严酷现实世界的任务。它还意味着财富原则与科学原则的联姻，而这一联姻是为了给寡头政治一个焕然一新的合法性。至少在短时期内，夺取和维护权力的斗争离他们远去了，我们的政府将管控全球化对其本土人民所必然产生的影响当成了他们的主要任务。这就意味着在这一管理关照下的人民，必须由一种单一的、客体化的全体所组成，并且对立于分裂的、异变的人民。自此，普选[1]的原则就变得问题重重了。如果大众决意从右翼或左翼中指定某个寡头执政者，那么毫无疑问，普选原则对共识逻辑将毫无助益。而将那个依赖于孤高的专业知识的解决方案留给大众去选择，也是种冒险。我们政府的权威因此就陷入了两种对立的合法性体系：一方面，它的合法性来源于普选；另一方面，它是因其选择社会问题的最佳解决方案的能力而获得合法性的。不过，对最佳方案的认定事实上无须被人选择，因为这方案是得自于对事物的客观认识，所以不能由人民的选择

---

1 普选（popular vote），即公民直接投票。法国的总统、国民议会议员、大区、省或市政议会议员以及欧洲议会议员都由直接投票产生，只有参议员是通过间接选举产生。——译者注

决定，而要由专家的知识决定。

曾有一段时间，人民的分化足够活跃，而知识也足够谦逊，这两种对立的原则还能够维持共存。而今日，财富与知识所组成的寡头联盟声称要掌控所有权力，并且拒斥人民分化与多样化的可能。但这两种原则的分化开始从各个方向回归。这回归伴随着极右翼政党的兴起，以及身份主义者[1]与宗教原教旨主义者的运动——他们反对寡头共识，并诉诸旧有的出身与血缘原则，以及某种植根于土地、血缘和他们祖先宗教的社群。这回归也以多样性的斗争形式展开，如拒绝共识秩序以经济全球化的必然性为借口破坏医保制度、养老计划和工作保障。这回归还最终体现出了选举制度的真正功能，即当某个同时影响统治者与被统治者的单一方案有待决定时，这决定权要交给后者。最近的欧洲公投就为此提供了证明。那些对公投提出质疑的人的思想还停留在投票选举的原初西方含义上，即一种让人们集合起来赞成那些有资格领导他们的人的方式。尤其是知识精英一致宣称这个问题不是问题，这问题基本上只关乎一种对一致逻辑的追寻，这逻辑是现成的而且是符合所有人的利益的。公民投票的主要奇异之处是：与知识精英们相反，大多数投票者都断定这问题是个真问题，这不是个

79

1　身份主义者（identitarian），是一个描述欧洲新右翼运动及其支持者的术语，身份主义者将欧洲的民族与文化身份的保留与发展作为其核心意识形态的原则，反对大规模的非欧洲移民与文化进入欧洲，但在全球化的视野下，他们又主张应由无数高度自治的区域社群组成一个欧洲人的同盟。——译者注

简单提倡人民团结的问题，而是一个人民主权的问题，也是后者不但可以回答"是"也可以回答"不"的问题。接下来的事我们都知道了。[1] 我们也知道寡头们以及他们的专家与理论家都设法找出对这一灾难的解释，而事实上他们为所有共识的断裂都找出了相同的解释：如果知识没有给人民留下合法性的印象，那是因为人民是无知的。如果进程没有进展，那是因为他们落后了。所有牧师都曾不断地吟唱的一个词语概括了这一解释："民粹主义"。他们希望借此名义能将所有对主流共识持异议的形式都打包到一起，无论这形式是包含了民主的主张还是宗教和种族的狂热。他们还希望将这个单一原则归于如下这类集合中：对退步的无知，对过往的依恋，特别是对过往社会优势以及革命理想或祖先宗教的依恋。民粹主义是一个便于掩盖普选合法性与专家合法性之间矛盾的名称，这矛盾即科学的统治，难处在于要使其自身适应民主抗议运动，甚至还要适应代议制的混合形式。这一名称同时掩盖而又揭露了寡头的强烈欲望——摆脱人民而进行统治，易言之，就是不划分人民而进行统治，摆脱政治而进行统治。这使得专家统治从这一旧有难题中摆脱了出来：知识如何能统治那些不理解知识的人？而这一永恒的问题又遭遇了一个更贴近当代的问题：如何恰当定义这一衡量标准，即那类隐秘的专家政府声称自己知

---

1 2005 年 5 月 29 日，法国举行了针对欧洲宪法条约提案的公投。投票率为 69%，但其中 55% 是否决票。——译者注

道的——在财富的无限扩张的好处与限制财富的好处之间取舍的——衡量标准？也就是说，这两股想要清除政治的欲望的结合会对高贵的科学——那个内在于资本主义无限扩张的危机中的科学以及内在于民族国家的寡头管理中的科学——产生什么影响？

由于动机的多样性与规划方案的不确定性，对"全球化"的批评（即反对将我们的贸易保护与社会保障体系置于全球化的制约之下），以及对超国家（supra-state）的机构[1]的拒斥都要面对同一个敏感问题，即这些改革都是以何种必然性的名义而得以实施的？资本增值与投资收益都要拜赐于那个无偿授予的法则——复杂的数学等式。这类法则显而易见地参与了对（国家制度与社会立法[2]所设置的）限制的反驳。但这类法则是不可回避的历史规律，是不可反驳的，并且他们还承诺将给子孙后代带来繁荣以证明牺牲保障体系是正确的，只不过这不再关乎科学，而只关乎信念。纯粹的放任自由主义（laisser-faire）经济最坚定的信徒总是很难证明怎样通过自由竞争的游戏可以妥善地处理好对自然资源的维护。而如果运用统计学的比较，还有可能建立起某些（有关工作权利的）灵活的形式以创造出比他们在过程中所抑制的（工作机会）更多的工作机会的话，它也远远无法证明资本的自由流通所

81

1　指欧盟（European Union）。——译者注

2　社会立法（social legislation）是指为增进社会大众福利，改善大众生活以及促进社会进步发展而制定的法规，如卫生保健立法、社会福利立法等都属其类。——译者注

要求的越来越高的收益率是一种能引领人类走向更美好未来的幸运法则。信念是需要的。人民被批为"无知",只不过是因为他们缺乏信念。实际上,历史上信念也曾改变过阵营。而今日的信念似乎就是统治者与他们的专家的特权。这是因为信念可以助长他们更深层的冲动,一种寡头统治的自然冲动,一种摆脱人民与政治的冲动。他们声称自己仅仅只是在管控由全球化的历史必然性所造成的地区性影响,我们的政府把大部分精力都用于消除民主的补充。通过超国家机构这一不是国家也不对任何人民负责的发明,寡头们实现了他们实践中的固有目标:让政治事务去政治化,只给它们留下一些不是空间的空间,即那些不给民主争论的生成留下任何空间的空间。这样,政府及其专家们就能彼此悄悄地达成合意了。降临到"欧洲宪法"之上的众所周知的不幸很好地诠释了这个逻辑。(众党派中的)某个党派采用了这一逻辑并自认为发现了正确的口号,他们自鸣得意地说道:"'自由主义'不需要宪法。"不幸的是,他们道出了实情:"自由主义"(或可称其为资本主义)从未提出任何诸如此类的主张。[1] 为了发挥作用,资本主义的"无约束竞争"无需宪法来发号施令,或者说它就是资本的自由无

---

1 "自由主义"(liberalism)一词在当今引来了各种混乱。欧洲左派用它来避开资本主义这个忌讳的词,欧洲右派用他指代一个自由市场与民主携手共进的景象。对美国的宗教保守主义者来说,自由主义是左派对宗教、家庭和社会的毁灭,这提醒我们此二者是如此不同。而开放自由市场且拥有美国债主身份的"共产主义"中国,方便地吸收了自由主义的一部分优势,但也缺失了自由主义的另一部分。这又提供了自由主义的另一种面貌。

限制流通。它需要的仅仅是后者（资本）能够发挥其作用的许可。资本与公共利益的神秘蜜月期对资本来说是不必要的。它只为国家寡头所追求的目标服务：将洲际的宪法从国家合法性和人民的需要中解放出来。

不可回避的历史必然性不过是由两种特殊的必然性联结而成，即无限的财富增长以及寡头权力的增长。所谓在欧洲以及世界舞台上的民族国家的弱化只是一种错觉中（en trompe l'oeil）的前景。跨国资本主义与民族国家间的权力划分更趋向于强化国家权力而不是弱化它们。[1]同样是这些在自由流动的资本面前交出了特权的国家，在为了防止这颗星球上那些只为找到一份工作的穷人进入而封闭其国界时，又立即重新发现了它们的特权。对"福利国家"的宣战也证明了同样的矛盾情绪。这宣战很适于作为（国家）补助状态的终结以及向个体责任与公民社会的主动性的回归。一个人可以装模作样地说这是一种侮辱，即在一个慈父般的全能国家中还要接受保障与互助机构[2]（这些机构是出自于工人斗争与民主斗争，并由捐赠人的代表管理或联合管理）的馈赠。然而在反对这种神话般的国家的斗争中，实际上遭受打击的却是这些非官方的互助机构。这些机构为各种才能的形成与实践提供了场所，

83

---

1 参阅 Linda Weiss, *The Myth of the Powerless State: Governing the Economy in a Global Era*, Polity, 1978。

2 这类互助机构（或称互助会）在法国是较为普遍的一种民间救助和保障组织，以覆盖那些不能进入社会保险体系的弱势群体。——译者注

而这才能不同于政府精英的能力，它是照顾公众与公众的未来的能力。打击互助机构的结果就是强化了一个对个体的健康与生活越来越负有直接责任的国家。但同样是这个国家却在反对国家福利机构给某个永远处于植物人状态的女人重新连接饲管[1]对所谓的福利国家的取消并不意味着国家的退隐。这是一种在保险业的资本主义逻辑与国家管理间的重新分配，是在此二者的机构与职能间的介入。国家补助与个人主动性间的过分简单的对立掩盖了这一过程及其掀起的冲突之下的两种政治基柱：社会物质生活的组织形式的存在避免了逐利逻辑，讨论集体利益的空间的存在避免了专家政府的垄断。我们都知道在 1995 年秋天的大罢工期间有多少类似的问题被争论过。除了对那些罢工企业的特殊利益和政府预算计划的影响，它还透露出"社会"运动曾是一种民主运动，因为它是围绕着基本的政治问题而展开的，即"无能者"的能力问题，以及任何评断个体与集体间的当前与未来关系的人的能力问题。

84　　　这就是为什么（罢工）运动要将公共利益与那种企业中敢怒不敢言的堕落自我主义者对立起来，就如那些"共和主义者"反复唠叨政治与社会之间的区别一样。政治运动总是一种模糊个人与集体间既定分配的运动，也是一种模糊既定的政治与社会边界的运

1　饲管，供给不能口服食物病人的一种助食器械。——译者注。

动。寡头与其专家们在他们安排职位与能力分配的事业中都一直不停地在体验着这种运动。这运动虽使得寡头陷入了两难窘境，但同时也为民主斗争制造了难题。应该说政治运动是一种从特定民主运动中抽象出来的总是置换既定边界的运动，亦即"普世主义运动"，但它也是社会某一点上的特定的利益冲突的组成部分，由此也可以说政治运动总是处于一种受限于这种特定利益冲突的危险之中，或仅仅止于为特定团体利益而辩护的特殊斗争的危险之中。这一长期存在的事实在寡头开启了冲突之时甚至变得更为严重，而这种冲突还是在主权国家与"无权国家"这两张面孔的导引下展开的，尤其是昨日给那些散布的斗争赋予了一个共同愿景的历史必然性还站在了寡头们的那一边。一个人可以不断论证这种斗争的合法性，但他从各种偶然的斗争中就会发现很难将这一合法性与其他斗争的合法性连接起来，以建构一个可以将意义与行动汇聚于一点的民主空间。那些为保留一项公共服务、一种劳工法律制度、一项失业津贴方案或一项养老金方案的人，即便他们的抗争超越了他们自身的特殊利益，也总是会被批评说他们使抗争限定在了国家的边界范围内，并且还强化了国家维护其壁垒的要求。相反，宣称从此以后民主运动的开展要超越这一框架，并由此反对跨国流民所主张的自保式抗争的那些人，也必然会终止针对（由国家寡头与金融寡头组成的）洲际组织所制定的宪法的斗争。寡头的两难窘境与民主的难题可以帮助我们理解知识分子狂热的反民主表现。这种狂热在法国特别强烈，在这里，一个

85

自称为知识分子的团体在媒体上占据了一席之地，媒体给予了他们前所未有的波及海外的力量，以至于能影响到当代日常现象的解读与主流意见的形成。我们都知道这股力量是在 1968 年后得以巩固的，当被这运动所震慑的掌控着意见的媒体对运动的理解超出了他们用来掌控意见的知识工具时，他们就开始迫切地寻找解读者，让这些人来回答在这个时代让人费解的新奇性以及社会的晦涩深刻性中到底发生了什么。[1]1981 年社会党上台执政，使得这些解读者对公共意见的形成起到了更为重要的影响，尽管部分有野心的人并不仅仅满足于已有的地位，而另外一部分人也没看到政府所宣称的那些理念上的好处转化成具体的措施。这一团体在今天仍稳固地占有一席之地；他们加入了掌控主流意见的行列，在媒体上随处可见，虽然他们因受惠于政府而不再对政府决策具有任何影响。他们的目的是可耻的，不论他们高贵或卑微。

他们中的一些人将这一辅助性的功能发挥到了极致。他们定期向公众呼吁并解释发生了什么以及应该怎样思考，利用他们的科学来塑造主流知识分子的共识。他们越来越自鸣得意，就好像完全不必舍弃他们的科学或进步信念中的任何一个。这一共识的关键理念实际上就是被全球经济发展所证明了的，而我们不得不

1　关于这一角色的出现，及其对普世而又被压迫的传统知识分子代言人形象的尊重的新颖之处，可参阅 D. and J. Rancière, "La Légende des intellectuels", in J.Rancière, *Les Scènes du peuple*, Horlieu, 2003。

顺应的历史必然性，能拒斥这一必然性的就只有寡头利益与陈腐的意识形态的代表。他们的信念与科学实际就是建立在这一理念之上。他们相信这一进程。当这一进程被认为能导向社会主义的世界革命时，他们相信这一历史进程。时至今日，他们还相信这进程能导向全球市场的胜利。即便历史错了，他们也不会错。他们由此还可以泰然自若地将昨日的教训重新运用于今日的情境。他们要去证明事情的运转是理性的，这进程是进步的，而只有落后者才会反对；作为回击，这前进的脚步会不停地抛弃过去以及那些阻止这一前进脚步的落后者——这些马克思主义历史解释的基本原则也绝妙地应用于了现代化的诸难题之中。他们认为在1995 年的大罢工期间知识界给予朱佩政府的大部分支持意见都具有合法性，而此后他们又不知疲倦地支持那一谴责，即谴责阻碍了不可阻挡的现代化的古老特权，虽然这谴责从未停止制造新的古老特权。激励了这一谴责的主要概念即民粹主义，其自身就借自于列宁主义的火药库。它使得所有在反对历史必然性名义下所展开的去政治化的对抗运动都被解释成某部分落后人口或某种过时的意识形态的体现。落后的人民越多，就越需要进一步解释他们的落后。进步论者们感到有必要为了团结而缓和其反民主的姿态。

　　另外一些人就无法很好地应对这一形势。进步论者的信念对他们来说太天真，共识也太美好。他们亦从马克思主义那里学到了他们的第一课。但他们的马克思主义不是某种历史信念或发展

87

生产力的马克思主义。从理论上说，它是那种揭露事情另一面的批判式的马克思主义（这另一面是指意识形态表象之下的结构真相），或者是在权力与民主表象下的挖掘。从实践上说，它曾是那种将阶级与世界都置于对立之中的马克思主义，是将历史一分为二的断裂式的马克思主义。因此，这些人就发现他们很难面对马克思主义让他们的期望落空这一事实，而历史中坏的那一部分也从未被中断，并且现今还强化了它的统治。对于这一切，对于1968年左右经历了西方世界的最后一次大型火山喷发的人们，他们的热情都转变成了一种怨念。虽然如此，他们还没有完全放弃成就了他们的三项启示性工作：解读符号、批评和割裂。他们仅仅是替换了批评的目标，变换了当代的割裂。某种意义上他们仍旧从属于对同一事物的批评：消费主义的统治是什么，难道不是商品的统治？还有无限性的原则，难道不是资本主义的原则？但这怨念倒转了机器的齿轮，颠倒了因果逻辑。以前，这逻辑曾是一种可以解释个体行为的全球统治体系。好心人在当时同情工人阶级，他们受到彩票公司与家用电器的诱惑，被看作既受其剥削又培养其梦想的制度下的受害者。但马克思主义的断裂一旦未能实现其批评所要达成的目标，这批评就转向了，个人就不再是某种全球统治体系中的受害者；他们转而变成了要对这一切负责的人，是发动了消费的"民主暴政"的人。资本主义的积累法则及其所需的生产模式与资本流通，这些罪恶的罪魁祸首就变成了消费这些商品的人，尤其是那些最缺乏消费能力的人。这是因为民主

88

人是一个过剩的存在，是一个永不满足于商品、人权与电视影像的挥霍者，是统治世界的资本主义利润法则本身。新的先知们事实上不再抱怨这种统治了。他们既不抱怨金融寡头，也不抱怨国家寡头。他们首先抱怨的是那些谴责寡头的人。原因不难理解，批评经济或国家制度就意味着呼吁体制的改革。可如果不是那些抱怨体制不能满足他们欲望的民主人，还有谁会有这种改革的需求呢？因而我们就必须从这一逻辑得出结论。不仅体制是有罪的，处于其统治下的个体也是有罪的。罪恶最深重的人，亦即这罪恶的模范代表们，就是那些想要改变体制的人，是那些散布可以改革的幻象从而使得他们进一步沉湎于罪恶的人。由此，永不知足的民主消费者的优秀代表们就成了国家与金融寡头统治的对立面。我们很容易就发现1968年的"五月风暴"被某种主流观点重新解读了，这些观点不断地被历史学家与社会学家们复述，也被畅销小说家们作过冗长的表达：1968年的运动只是一场年轻人渴望性解放与新生活方式的运动。年轻人和他们所渴望的概念中的自由都不能解释他们到底想要什么以及他们到底在做什么。这些年轻人最终走向了他们所宣称的口号的反面，但这却也是他们真正想要的结果，即资本主义的复兴以及所有家庭、教育和其他结构的解体，这些结构曾屹立于（深深渗入到个体的心灵与思想中的）市场的无限制统治之中。

89

　　随着对政治的遗忘，民主一词就成为一种人们不再想直呼其名的体制的委婉说法，同时也成了替代这个被抹掉的词语的恶魔般的主体，一种混合主体，它由臣服于这一体制支配之下的人以及被并入这体制中的批评者所构成。要描绘一幅民主人的机械式的肖像，最好的办法是把以下这些特征整合到一起：年轻人，白痴的爆米花消费者，电视真人秀，安全性行为，社会保障，尊重差异的权利，以及反资本主义或"另类全球化主义"（alterglobalist）的幻想。要感谢这个民主人，他使得批评者得到了他想要的：一个犯下了无可挽回的罪行的罪犯。不是小毛贼，而是大罪犯，他不仅开启了（为那些批评者服务的）市场帝国，而且导致了文明与人类的毁灭。

（民主的）诅咒者们在混合以下事项的过程中建立了自己的统治：商品广告的新形式和那些反对商品法则的示威行为，虚情假意的"尊重差异"以及种族憎恨的新形式，宗教狂热和神圣性的缺失。每件事及其反面都成了将人类拖向毁灭的民主个体的必然表现。诅咒者们悲叹这毁灭，但他们更为悲叹的是已经没有什么可悲叹的了。关于这邪恶的个体，有人说他在将启蒙文明拖进他的坟墓的同时，又在延续着启蒙的致命运作，他是没有共同体的共同体主义者，家庭价值及其禁忌对他毫无意义，神圣和亵渎神圣对他也毫无意义。由此，某些人就可以用地狱与亵渎的狂热色彩来重绘这一旧有的富有教益的主题——人不能没有神，自由不是许可证，和平会弱化人的品性，对正义的渴望会导致恐怖。某些人以萨德[1]的名义要求回归天主教价值观；另一些人则投靠尼采、莱昂·波利[2]和盖伊·德波[3]，并以一种朋克模式为美国新教立场辩护。塞利纳[4]的崇拜者们冲在了猎寻反犹分子的最前线，通过反犹分子，他们真正了解了那些想法和他们不一样的人。

某些诅咒者自豪于拥有清苦的名声以及不屈的孤独，而这都得自于不断地复述和演练那句"对日常思考犯下的罪行"的大合唱，这罪行也就是卑微的男人和女人所渴望的卑微的享乐而已。[5]对另一些人来说，要拿这些罪行去控诉民主还是太小儿科了，他们要给民主总结出一个真正的罪名，或干脆说就是一种唯一的罪，绝对的罪。因此，他们在历史的进程中就需要一种真正的决裂，也就是说历史的意义和现代性的宿命将会在这决裂中变为现实。这就是为什么在苏联的制度崩溃之时，对欧洲犹太人的种族灭绝被看作将世界历史一切为二的事件而填补了这一社会革命的角色。但为了能填补这一角色，这罪名真正的创作者们就不得不撇

1　萨德（Marquis de Sade，1740—1814），法国作家，其作品以描写性与暴力为特征。萨德反对天主教，这一倾向在他的作品《索多玛120天》中有所体现。——译者注
2　莱昂·波利（Léon Bloy，1846—1917），法国作家、批评家，罗马天主教会的叛依者。——译者注
3　盖伊·德波（Guy Ernest Debord，1931—1994），马克思主义理论家、作家、电影制作人，基督教（新教）的批评者。——译者注
4　塞利纳（Louis-Ferdinand Céline，1894—1961），法国作家，反犹主义者。——译者注
5　Maurice Dantec, *Le Théâtre des opérations: journal métaphysiqllc et polémique 1999 and Laboratoire de catastrophe générale.journal métaphysique et polémique 2000-2001*, Gallimard, 2003, p. 195.

色。但为了能填补这一角色，这罪名真正的创作者们就不得不撇清他们的责任。这确实是个矛盾，对于任何想要把对欧洲犹太人的灭绝当作近代史中心事件的人来说，纳粹的意识形态还不是个充足的理由，因为它是一种回应性的意识形态，这意识形态在当时只是近代史运动的典型的对立面，即启蒙理性、人权、民主与社会主义的对立面。恩斯特·诺尔特[1]的理论将纳粹的种族灭绝政策转变成一种针对古拉格屠杀的防卫性反应，这大屠杀本身被指称为民主灾难的后继者，但这还不能解决问题。诅咒者们实际上是想努力把以下四个词语直接连接起来：纳粹主义、民主、现代性与大屠杀。但要将纳粹主义直接转变成民主的现实化，这是个需要技巧去论述的事情，即便借用将"新教的个人主义"视作民主甚至极权恐怖主义之根源的古老的反动观点也一样。而将毒气室转变成技术本质的化身（海德格尔指其为现代性的毁灭性命运），还需要把海德格尔放到好人一边，但这还是不足以解决问题，因为现代的、理性的手段也可以完美地服务于古老的狂热。要想让论证生效，就需要一种激进的解决方案，即从以上组合中消除那个阻碍其他部分的术语，非常简单，就是纳粹主义。在这一论证过程的最后，纳粹主义就变成了帮助民主人摆脱其隐秘的敌人（即

91

---

1 恩斯特·诺尔特（Ernst Nolte, 1923— ），德国历史学家，法西斯研究专家。恩斯特·诺尔特曾提出一种理论，他认为俄国十月革命以暴力消灭资产阶级的行动使德国的上层社会感到恐惧，又因其领导人中不少是犹太人，故而激起了德国的反布尔什维克和反犹浪潮，最后导致了大屠杀。——译者注

那些忠实于血缘法则的人们）并获得胜利的无形之手，如此纳粹主义就能实现自己的梦想：为某种性无能者服务的人工生殖。从当前的胚胎研究就可以回顾性地推演出灭绝犹太人的理由。从这种灭绝又可以推断出，所有和民主这一名称有联系的事物都只不过是这唯一的罪恶的永远不朽的形式。

　　将民主指斥为某种反人类的无限罪恶的批评确实没有什么特别广泛的影响。而那些梦想着在重新发现的超越性笼罩下恢复精英统治的人们，对处在"民主"之下的各种事物的当前处境都感到非常满意，当他们将反抗这一处境的"草民"（petty people）视作其首要目标时，他们的诅咒与进步论者的指责就最终结合起来共同协助掌权的寡头们去应对草民们的造反情绪，而这些草民们就像是柏拉图的城邦里堵住了街道的驴或马，阻碍了前进的道路。草民们越激进地表达其异议，他们的言论就越有可能招来灭顶之灾。诅咒者们遵循的是共识秩序的逻辑，这逻辑将民主的含义转变成一个模糊的概念，将国家秩序和社会生活的形式混合成一个单一的整体形式，以及一整套存在方式与价值体系。即使这意味着要将那个为官方话语服务的矛盾立场推向极致，在民主文明的名义下支持财阀政治的代言人去展开军事战争，而这些代言人本身就在抨击民主对文明的侵蚀。今日知识阶层的反民主话语也在（国家与经济寡头都努力要实现的）遗忘民主的共识之上添上了最后一笔。

　　由此，在某种意义上，对民主新的憎恨只是影响这一词语的

92

加倍混淆了共识，这个操作员将对公共生活的质疑转变成"社会现象"从而抹除了这些问题的政治性，但与此同时它又否定了那些建构了社会的治理形式。这憎恨通过将民主等同于某种社会形式从而掩盖了国家寡头的统治，同时又通过将经济寡头的帝国化约成不过是"民主个体"的欲望从而掩盖了经济寡头的统治。由此，它就可以堂而皇之地将所有与不断加剧的不平等相关的现象都归结到"身份平等"的重大胜利中去了，并以这样一种自豪的意识形态观点为寡头的事业背书：对民主的斗争势在必行，因为民主就是极权主义的等价物。

但这混淆不仅仅涉及一种对词语的滥用（这是完全可以被纠正的）。如果词语被用于混淆某些事物，那是因为词语间的冲突无法离开事物间的斗争。民主一词并不是那些关注鉴别客观标准以区分统治诸形式与社会诸类型的专家所创造的。相反地，它在发明之初就是一个"不区分"事物的词语，用以显示全体平等人的权力正是无形且不断发出噪声的群体的混乱，这群体相对于社会秩序而言就像相对于自然秩序的混沌一样。要理解民主就意味着去倾听隐藏于这一词语中的挣扎，不只是那些可以激发民主的愤怒和讥讽的腔调，更深刻的是对（民主的）含义的曲解与颠倒，这曲解与颠倒已经被权威化，或某些人在此过程中树立了自我权威。当我们的知识分子在不断加剧的不平等现象之中开始愤怒于平等所带来的发泄式的破坏之时，他们就发明出了一种并不新鲜的伎俩。早在 19 世纪，无论是在君主立宪制下还是独裁帝制下，官僚法国（那个 20 万男人组成的法国，或臣服于限制个体与公共自由的法律与政令下的法国）中的精英们就已对流行于社会中的"民主洪流"提出过警告了。公共生活被禁止了。他们却在廉价织品、公共运输、船业、露天绘画、年轻女性的新潮举止以及作家辞令的新潮转变中看到了民主的胜利。[1] 在这些方面，他们不是革新者。这种既被看成严厉的政府形式又被看成纵容的社会形式的双重民主，是对民主之恨的最初模式，柏拉图正是在这一模式中将民主之恨合理化了。这一合理化在我们看来，并不是一种贵族政体的简单表达。它是为了用于避免某种比街上挡道的顽童或犟驴更为可怕的无政府或"无差别"状态，当公认的（最优秀者或最高贵者的）自然权力威名扫地之时，即除了资格的缺席，任何特定的资格都无法以政治的方式统治人民时，统治者与被统治者之间最初的无差别也就变得显而易见了。民主首先是一种政治的矛盾条件，它使得所有合法化最终都要面临合法性的缺失，以及面对那支撑着不平等的可能性本身的平等的可能性。

这就是为什么民主将会永无休止地遭人憎恨，也是为什么这种憎恨总是以一种掩盖性的方式来表达：在柏拉图时代中笑骂驴

94

---

1 关于这些主题可参阅一本很好的文选：Hippolyte Adolphe Taine, *Vie et opinions de Frédéric Thomas Graindorge*, Hachette,1867。关于"文学中的民主"的论述，可参阅 "critique of *Madame Bovary*" by Armand de Pontmartin in *Nouvelles Causeries du samedi*, Michel Very, 1860。

子和马,在法兰西第五共和国的时代中怒骂贝纳通[1]的商业活动与阁楼故事[2]的情节。无论这些掩盖性的方式是嬉笑还是怒骂,潜藏其下的憎恨都还有一个更严肃的目标。它所针对的是不平等本身所不能容忍的平等条件。由此我们就可以让那些专业的或业余的社会学家们放心了,他们原本对民主在当今失去了敌人这一状况表示担心[3]。民主不会有机会面对这种舒适的烦恼。"所有人和每个人的统治"必定会引来那些以其出身、财富或知识为资格去统治人民的人的憎恨。而如今它必定会引来比过去激烈得多的憎恨,因为财富的社会力量已不再能容忍任何对其无限增长的约束,而每一天它的机构与国家运作的联系都更加紧密。那个冒牌的欧洲宪法(pseudo-European Constitution)证实了一个与其对立的事实:我们不再是处于一个专家立法的制度时代中了,这种制度的设计就只是要将那不可化约的"人民权力"写入寡头的宪法之中而已。政治与政治学的这一形象已经被我们抛在脑后了。国家权力与财富权力倾向于联合成一种针对货币与人口流动的单一的专家式管理。他们联合在一起致力于削减政治的空间,但削减这些

1　贝纳通(Benetton),意大利时尚品牌,其广告常常切入社会议题以引人关注。如1991年贝纳通推出彩色安全套的广告运动,使得安全套这种私密用品第一次出现在各类广告之中,在当时就引来许多争议。——译者注
2　阁楼故事(Loft Story)是法国的一档电视真人秀节目。——译者注
3　参阅 Ulrich Beck, *Democracy Without Enemies*, trans. Mark Ritter, Polity,1998, and Pascal Bruckner, *La Mélancolie démocratique: comment vivre sans ennemis?*, Seuil, 1992。

空间，抹去不可容忍也不可或缺的"所有人和每个人的统治"的政治基础，就意味着要开辟另一个战场，意味着要目睹一种新的激进化的出身与血统权力形象的复苏。这就不再是之前的君主制和贵族制，而是神之子民的统治。这一力量可以公开地声称，要通过让激进的伊斯兰主义者以实行恐怖主义的方式反对将民主等同于寡头法则下的国家。它也可以在民主的名义下支持寡头国家对这种恐怖主义开战，而这民主又可以被美国的传道者们同化为那些服从圣经戒律且为保护他们的财产而武装起来的建国者们所开创的自由权。在法国，神之子民的统治也可以用来反对民主对维护血统原则的歪曲，这血统原则还存在某种不确定的概括性，但其他人却将这原则随意地等同于在摩西（以神的语言）引导下的人们的法则。

以《古兰经》的名义摧毁民主，将民主的战争扩张等同于对《摩西十诫》的执行，对被同化为谋杀神圣牧者之凶手的民主的憎恨——所有这些当代现索都至少有一个优点：无论是他们表现出的反民主憎恨，还是他们在民主的名义下所提出的混合主张，都迫使我们重新找回特定于民主的独特力量。民主既不是一种可以使寡头以人民之名实行统治的政府形式，也不是一种支配着商品力量的社会形式。它是坚持不懈地扭转寡头统治对公共生活的垄断以及财富力量对生活的全能覆盖的行动。它是一种力量，与过去相比，它在今日更需去奋力反抗这些权力的模糊性——它们糅合成了同一个单一且一致的统治法则。重新发现民主的独特性也

96

意味着要理解它的孤独。对民主的需求很长时间以来都被某种新社会的概念所承载或掩盖了，这新社会的基础如其所述，早已形成于当代社会的最核心之处。那就是"社会主义"所指出的：一种历史观。据此历史观，资本主义的生产与交换形式已构成了一种平等社会与全球扩张的物质条件。这一历史观至今仍支撑着某种共产主义或大众民主的希望：越来越集中于信息领域的非物质化的资本主义生产形式，在当今已经形成了一批由新型的"生产者"所组成的流动人口；已经构成了一种集体智慧，一种集体的思想力量，而这些团体的运动与影响很有可能炸开帝国的藩篱。[1] 要理解民主的含义就必须放弃以上观念。在某一统治制度下产生的集体智慧永远都不过是这种制度下的智慧。不平等的社会不会在它的子宫中孕育出任何平等。毋宁说，平等的社会就是一系列此时此地通过不确定的异议行动所追寻的平等关系。与财富的力量和那个似友似敌的血统力量相比较，民主都是赤裸的。它不是建立在任何事物的自然性之上，也不被任何制度形式所保证。它不是任何历史必然性的结果，也不承诺任何历史必然性。它只能寄希望于坚持不懈的特殊行动。这可能会在那些惯于行使思想教权的人当中引发恐惧乃至憎恨。但是在那些知道如何与所有人及每个人分享智力上的平等能力的人当中，它反倒能激起勇气与快乐。

---

1 参阅 Michael Hardt and Antonio Negri, *Empire*, Harvard University Press, 2001, and *Multitude: War and Democracy in the Age of Empire*, Penguin, 2005。

索引 [1]

图书在版编目 (CIP) 数据

对民主之恨／（法）雅克·朗西埃著；李磊译. ——
北京 ：中央编译出版社，2016.7
ISBN 978-7-5117-3018-3

Ⅰ．①对… Ⅱ．①雅… ②李…Ⅲ．①民主－研究－西方国家
Ⅳ．① D082

中国版本图书馆 CIP 数据核字 (2016) 第 113618 号

对民主之恨

出 版 人：葛海彦
出版统筹：贾宇琰
责任编辑：贾宇琰
特约编辑：李伟为 田 奥
责任印制：尹 珺
出版发行：中央编译出版社
地　　址：北京西城区车公庄大街乙 5 号鸿儒大厦 B 座 (100044)
电　　话：(010) 52612345（总编室）　　(010) 52612341（编辑室）
　　　　　(010) 52612316（发行部）　　(010) 52612317（网络销售）
　　　　　(010) 52612346（馆配部）　　(010) 55626985（读者服务部）
传　　真：(010) 66515838
经　　销：全国新华书店
印　　刷：山东临沂新华印刷物流集团有限责任公司
开　　本：880 毫米 ×1240 毫米　1/32
字　　数：108 千字
印　　张：5.875
版　　次：2017 年 8 月第 1 版第 2 次印刷
定　　价：38.00 元

网　　址：www.cctphome.com　　邮　箱：cctp@cctphome.com
新浪微博：@ 中央编译出版社　　微　信：中央编译出版社（ID: cctphome）
淘宝店铺：中央编译出版社直销店（http://shop108367160.taobao.com）（010）52612349

本社常年法律顾问：北京嘉润律师事务所律师　李敬伟　问小牛
凡有印装质量问题，本社负责调换。电话：（010）55626985